スポーツ科学から見た

サッカーの理論

初心者指導
バイブル

弘前大学名誉教授
麓 信義●著

ロギカ書房

前書き

　教員養成学部で 200 名の初心者男女学生を相手に 15 年以上の授業経験を踏まえて『スポーツ心理学からみたサッカーの理論』を新書版で世に問うたのは、30 年近く前のことでした。いくつかの雑誌で紹介され、また、いくつかのホームページでもご推薦いただき、増補版も含めて 9,000 部を完売しました。

　前著出版後、いくつかのホームページを見ていると、図版がわかりにくいとの批判が散見されました。その時から、改訂版を出すことを考えていたのですが、多忙でなかなか筆が進まないままになっていました。その間、自らのビデオ画像を使ったインサイドキックの詳細な解説書を世に出しましたが、マニアックすぎてあまり売れませんでした。そのため、次に企画していたインステップキック編が未完のまま時間が経ちました。そういうこともあって、いたずらに年を重ねているうちに定年を迎えてしまいました。

　在職中に蓄えていたビデオ画像を使い少しずつ書きためていたところ、幸い、出してくれるという出版社がありましたので、図版のチェックを除いてほぼ完成までこぎつけました。しかし、他の分野の本も平行して書いていたため成熟期間を置こうとして放置しているうちに脳梗塞を発症してしまいました。

　それから 2 年以上が経過し、時間はかかるもののパソコンも使えるようになり、執筆を再開しました。発症前は、不足する図版を後から撮影して追加する予定でしたが、未だによちよち歩きですので撮影不能です。そこで、人間の姿勢を自由にアレンジできるソフトを用いて補うことにしました。この方が理解しやすい部分もありますが、人間の自然な動きをどの程度再現できたているかは自信がありません。それでも前著のゼミ学生によるイラストよりはいいものになっていると思います。

　今回の改訂版は、40 年の大学授業体験と大学サッカー部の指導体験（最後の 15 年は初心者が大部分の女子サッカー部がメイン）を踏まえて初心者指導の要点を、作戦面も含めて解説してあります。

　部活動経験のない大学生を対象としたサッカー授業の教科書として使われることを意識して書きましたが、基本技術の解説の後の応用技術の解説を前回よりも

多くしましたので、学校の部活やクラブでの指導でも十分に使えると思います。指導者のみならず、選手自身が「サッカー」あるいはより根源的には「スポーツ」に対する学習姿勢を確認するためにも、読んでいただければ幸いです。

　なお、筆者の映像は50年前に西ドイツ〈当時〉で買った、現代の感覚では極端に短いサッカーパンツをはいて裸足のまま体育館で撮影したものです。美的感覚にうるさい方からは眉をひそめられそうですが、足の動きを理解するには最適と思って採用しましたのでご容赦いただきたいと思います。また、図の元となったＶＴＲ撮影は、写真でも動きが分かるようにシャッタースピードを長くして行いました。早く動いている部分はぼやけて写っているので静止画でも動きのイメージが捉えやすいと思います。さらに、撮影は、10年以上にわたって徐々に撮りだめしたため、背景が統一されておらず、見にくいかも知れませんが、ご容赦いただければ幸いです。

　また、前著初版を大学の授業の教科書として利用している時に、インサイドキックとインステップキックについての感想を求め、それに対する回答を添えたものを増補版で紹介しましたが、その一部分を最後に付けました。初心者がどのように感じているかを理解することで、自分のレベルアップ参考になると思います。また、指導者にとっても、初心者の考えていることがわかって、指導力のアップに寄与すると考えます。

令和6年12月

弘前大学名誉教授　麓　信義

目次

前書き

第1章　人間の運動を分析する視点

第1節　科学的観察とは　2

第2節　人体はなぜ動くのか（生理学と解剖学）　4

第3節　人体はどう動くのか（物理学）　9

第4節　人はどうやって動作を学習するのか（運動学習の理論）
　　　　12

第5節　動作選択とその背景（状況判断の理論）　22

第6節　人は何によって場面に最適な動作を選択するのか（認知地図の利用）　27

第7節　動作分析と運動学習に関する研究・知識はどのように役立つか　30

第2章　技術のトレーニング

第1節　インサイドキック　34

　　1　インサイドキックはなぜ難しいのか　34

　　2　インサイドキックの力学　36

　　3　静止ボールのインサイドキック　42

　　4　インサイドキック学習上の問題点　52

5 動くボールのキック　57

6 キック方向のコントロール　64

第2節　インステップキック　67

1 インステップキックの力学　67

2 インステップキック学習上の問題点　69

3 キックに先立つ予備練習　73

4 静止ボールのインステップキック　74

5 インステップキック練習上の問題点　79

6 インステップキックの応用練習　81

第3節　状況に合わせたキックの応用　90

1 全力で走り込んでの別方向へのキック　90

2 ボールを浮かせるキック　93

3 浮いたボールのキック　94

4 インフロントキック　100

第4節　トラップとヘディング　104

1 ボールコントロールの力学　104

2 学習上の問題点　106

3 インサイドでのトラップ　108

4 三角形を作ってのトラップ　114

5 腿でのトラップ　116

6 胸でのトラップ　118

7 トラップの応用練習　122

8 ヘディング　128

第5節　立ち足のバランスの重要性とドリブル　133

1 ドリブルとキックの違い　133

2 立ち足のバランスの重要性　136

3 インステップキックと立ち足のバランス　142

4 ドリブルと立ち足のバランス　144

5 キックの延長としてのタックル　147

6 まわりを見る技術　152

第3章　戦術のトレーニング

第1節　対人戦術の基礎　160

1　守りのポジショニングの原則　160

2　守りのポジショニングを崩す原則とそれに対する守備側の守りの原則　165

第2節　集団プレイの基礎　169

1　守りの原則とパス攻撃の原則　169

2　フィールドでの自然な動きとそれに打ち勝つ工夫　172

3　バックパスはなぜ難しいか　174

4　スルーパスと認知地図　177

5　オープンスペースの利用はなぜ難しいか　180

6　パスアンドゴーの意味　184

7　チームプレイの原則を踏まえた基礎練習　185

第3節　試合でのゲームコントロール　190

1　パスカットの原則　190

2　パスカットができない時の守備　192

3　原則を崩す動き　193

4　フォーメーションの問題　195

5　戦略の問題　196

第4章　練習の心構え

第1節　やる気と反省　202
第2節　目標の設定　206

第3節　プレーの評価　　209
第4節　フェアープレーについて　　215

後書き
参考　初版を授業の教科書として使用した時の学生の質問と回答
　　　　　　221
参考文献

第 1 章

人間の運動を分析する視点

第1節 ▶ 科学的観察とは

　あらゆるスポーツにおいて、自分自身のプレイ（本書では、集合名詞的に使う場合はプレイ、個々の動作を意味する場合はプレーと表現します）の実態を反省的に把握することは上達のための必須項目です。また、選手を指導する場合も、指導している選手の技術・戦術の現状把握は、指導の前提となります。しかし、ボケッと見ているだけでは「おっ、うまくいった」「だめだな」という感想だけに終わってしまいます。「慎重に観る」とは「科学的に観る（考える）」と同じです。また、「科学的に観る」ことは「サッカーをしている人間を客観的に行動観察していること」になります。

　一般的に、物事を科学的に観察する場合、その観察対象自体のモデルを念頭に観察することで、現状に関する知見を効率的に獲得することができます。たとえば、理科の実験観察を考えてみましょう。**図Ⅰ-1**に示したような冷えると結晶が沈殿するという現象を見た時、物質が原子やそれが結合してできる分子によって構成されているという知識（分子モデル）があると、理解が進みます。

　それでは、同じように、人間の運動行動を観察する時には、どのようなモデルが有効なのでしょうか。そこでまず、この章では、人間の運動を客観的に観察する様々な視点を提供します。人間観察のモデルと言ってもいいでしょう。

　ボールを蹴る「キック」という人間の運動行動を、指導者の立場に立って様々な場面で観察すると、どのような観察結果が得られるでしょうか（選手がビデオ再生で自分の動作を見る場合もほぼ同じです）。技術の力学的分析の観点でフォームを外から客観的に観察すると「脚をスイングさせてボールを打っている」ことになり、時系列で観察すると「段々うまくなっている」という観察も可能です。さらに、戦術の観点で試合を見ると「うまいところにパスが出せた」というような観察もできます。また、試合中に相手を蹴った場面を観察して「ファウルされて自分を見失っている」というような感想を持つかも知れません。

　このような、様々な視点からのサッカー理解の意味を、各々の視点を支えて

図Ⅰ-1　観察とモデル

いる理論から客観的にとらえることが、自らの進歩や指導技術の進歩に繋がると考えられます。

　そこで、本章では、各観察視点の背景にある科学理論を確認しておきます。

第2節 ▶ 人体はなぜ動くのか
（生理学と解剖学）

　まず、人間の動作のメカニズムを理解しておこうと思います。そのためには、中学で習った生物の授業を思いだして下さい。生物の授業ということは、人間も、生物の一種であり、人間の動作は生物、具体的には脊椎動物の中の哺乳類の動作として理解されなければならないということです。この時必要になる知識は、解剖学と生理学です。人間が意図的に動くという現象のモデルをまず考えてみましょう。もっとも単純な意図的な動作の1つは、光がついたのを合図に指でボタンを押すことですね。その機序を図に示します。

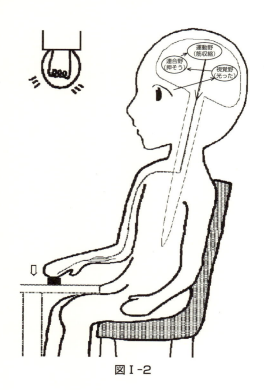

図Ⅰ-2

図Ⅰ-2 はランプが光ったら右手でボタンを押すという単純な反応課題の遂行中に体内でどのような現象が起きているかを模式化したものです。光がつくと、光子が眼の水晶体を通って網膜に達します。そうすると、網膜の裏にある光を感じる細胞が興奮して、その興奮が電気現象として脳まで伝えられます。脳は、光がついたことを知り、ボタン押し行動を指令します。「光がついたことを知る」とは、後頭部の視覚野に到達した網膜の刺激が、その後、様々な経路を経て前頭葉に集結することであり、「指令する」とは、その前頭葉から運動野を通してボタン押しに必要な筋肉（通常は手根屈筋群）に収縮命令を出すことです。その命令は、脳の大脳皮質運動野から脊髄を下降して当該筋肉に伝わり、それが筋電図として測定されます。そして、筋肉が収縮すると手首と指が下方に曲げられてボタンが押されます。この図の動作では、筋肉（手根屈筋群）がほぼ水平に収縮していますが、この筋肉が付着しいている手先の骨までの間にいくつかの指骨と上肢骨とそれらを繋ぐ関節があるために、この水平運動が上下運動に変換されて指先が下降してボタンが押されます。そのことを理解するためには、中学校で習う人体の骨格と神経系の構造（解剖学）、及び、神経と筋肉の働き（生理学）の理解が必要です。

　この実験では光がついてからボタンが押されるまでの時間（0.2秒弱）が、反応時間として測定されます。この現象（時間遅れ）は、生理学的には、神経内の電気信号の伝達時間とされていますが、心理学的には、人間が物事を判断して行動に移すまでの最短時間として理解されています。動物が、歩いたり走ったり、あるいは、獲物を捕ったりする動作も、基本的には、このような筋肉の収縮の組み合わせで生じます。

　ただし、図にある単純な課題でも、人間は、同時に足を踏ん張るような動きもしていますので、この図はかなり単純化した説明です。また、人間の実際の活動中にこのような神経系の活動をすべて測定できるわけではありません。しかし、「課題を理解して状況を判断して実行する」という人間行動の最終局面で生じる筋電図だけは簡単に測定できますので（**図Ⅰ-6** 参照）、筋肉への収縮命令が出ていることだけは確かです。したがって、人間の身体の中ではなんとなくこんな現象が起きているらしく、それと対応した行動が筋肉を用いた動作とし出現すると考えておいてください。

つまり、すべての動作は、関節でつながれた骨と骨の間に付着している筋肉の収縮で生じるということです。このことを理解すると、サッカーの基本的な蹴り方の1つであるインステップキックの蹴り足の部分の動きも単純化して理解することができます（**図Ⅰ-3**）。ふともも（大腿）の前側にある大腿四頭筋という筋肉（走ったりジャンプしたりする時に必ず使う筋肉）が収縮すると膝が伸びて強いボールが蹴られることになります。

ただし、実際のキックで蹴り足で強く蹴るためには、立ち足のバランスも重要です。バランスをとるために、蹴り足の大腿四頭筋の収縮（これによって膝が伸びる）と平行して、逆の立ち足の筋肉も協調して収縮しています。したがって、多くの筋肉が微妙に収縮力を発揮してスムーズな動作が行われることを頭にいれておいて下さい。

このキックの筋収縮も、**図Ⅰ-2**の単純動作と同様に、中枢神経からの指令で生じます。インステップキックは、左足を踏み込み、右足の膝を曲げて、次に膝を伸ばすことで成立します。ですから、「踏み込み足の位置を確認したら膝曲げのための筋肉に収縮指令を出し、次に膝がボールの真上に来たら、その膝を伸ばすための筋肉に収縮指令を出せば正確に蹴れる」と思われます。しかし、先ほど反応時間は0.2秒ほどかかることをお話しました。もし、キックが、神経系でこのように制御されているとすると、反応時間のギャップが2度生じるので、キックの時間は少なくとも0.5秒以上かかることになります。また、実際、このように意識して蹴ることは、まったくの初心者の時以外ありませんね。1つのキック動作で多くの筋肉が協調して収縮するということは、神経の指令がセットとなって筋肉に伝えられることを意味します。この筋肉への命令セットを学問的には運動プログラムと呼んでいます。上達するということは、精巧な運動プログラムを形成することと考えてよいでしょう。

そこで、**図Ⅰ-3**にかえって、インステップキックの蹴り足で考えてみましょう。強く蹴ることのできる選手は、主動筋（それぞれの動作を行うのにもっとも貢献している筋肉）である大腿四頭筋をタイミングよく収縮させているはずです。また、初心者は、足首が曲がってしまい、蹴ったボールが高く上がってしまいます。

その理由は、大腿四頭筋をすばやく収縮させると、足首を曲げる筋肉（前脛

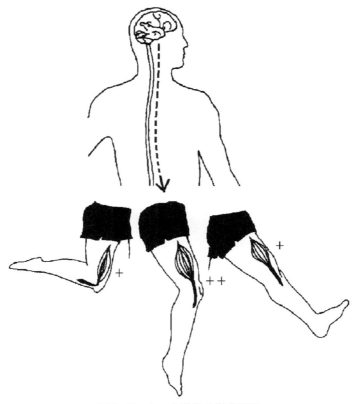

図Ⅰ-3　キック動作の指令経路

骨筋）も収縮してしまうからです。後で詳しく説明しますが、この脳からの指令は間違った指令というよりも人間の筋収縮の特性らしく、素早い膝伸ばし時には、必ず前脛骨筋への収縮指令も出ます。ですから、足首を伸ばすためには、下腿三頭筋（いわゆる、ふくらはぎの筋肉）にも収縮指令を出さないといけません。つまり、インステップキックでは、インパクト時に大腿四頭筋（膝伸ばし）と下腿三頭筋（足首伸ばし）を同時に収縮させることが重要なのです。それによって、足首の返りが防止され、地を這うようなシュートが打てることになります（**図Ⅱ-2-4**参照のこと）。

　つまり、大腿四頭筋と下腿三頭筋への収縮命令をタイミングよく与えればい

第2節 ▼ 人体はなぜ動くのか（生理学と解剖学）

いわけです。でも、この理解だけではうまくなりませんね。なぜでしょうか。

その理由は、我々が動作を行う際に意識できるのは、動作そのものであって、筋肉の収縮ではないからです。たとえば、肘を曲げることを考えてみて下さい。これは誰にでもできる簡単な動作です。肘を曲げるのは力こぶの筋肉（正式名称は上腕二頭筋）であることも理解しています。しかし、二の腕を見ながら「ここを収縮させなさい」なんていくら頑張っても、肘は曲がりませんね。

それでは、どの筋肉を使うかを調べる研究なんて、何の役にも立たないのでしょうか。しかし、そうとは言えないのです。こういう研究をする学問分野を運動生理学といますが、たとえば、蹴るたびに足首が返って球が浮き上がってしまう初心者に「蹴る瞬間にふくらはぎにある筋肉に力を入れるようにするんだよ」と言えば、少しは上達のヒントになります。ただし、動作と言語の関係を考察すると、後で説明するように別のより効率的な言い方もあります。詳しくは巻末の拙著をご覧ください。

うまく言えませんが、このような「人間の動きの機序」に関する基礎知識は役に立ちますので、我慢して次も読んでください。

第3節 ▶ 人体はどう動くのか（物理学）

　今までの説明は、生理学と解剖学を使うとキック動作がどう理解できるかを中心に話してきました。今度は、物理学から見るとどうなるかを考えてみましょう。こういう研究をする学問分野をバイオメカニクスと呼んでいます。日本語では、直訳すると生体工学ですが、体育学の分野では、身体運動学と訳しています。

　いずれにしても、基本は物理学です。なぜ物理学が必要かというと、ボールを蹴るということは、力学で考えると、静止している「ボール」という物体に「蹴り足」という動いている物体が衝突して、その結果、静止ボールがあるスピードを得て動き出すということだからです。これは、高校の物理学で扱う物体の衝突現象です。しかし、直観的には、高校で物理を学んでいなくてもわかるでしょう。動いている足の持っている動く力（運動エネルギーと呼ぶ）が少なくなり、その分、静止ボールがその力をもらって動き出す（動く力＝運動エネルギーが多くなる）のです。

　これを、**図Ⅰ-4**で説明しておきます。ボールＡの運動エネルギーが次々にＤまで伝えられてＤがＡとほぼ同じスピードで逆に動く実験風景は、教育テレビなどで見たことがあるはずです。Ｄのスピードを大きくするためには、Ａの運動エネルギーを大きくしなければなりません。

　動いている物体が持っている運動エネルギーは、

$$[運動エネルギー] = \frac{1}{2}（[物体の質量] \times [物体の速度]^2）$$

の計算式で与えられますが、質量は重さと考えていいです。そうすると、左端のＤのボールスピードを大きくするには、右端のボールＡを大きくするか手を離す位置を高くしてインパクト時のボールスピードをあげる必要があることがわかります。サッカーにあてはめれば、鉛の靴をはいて同じスピードでスイングするか、普通の靴でスイング速度を速めればよいということです。

　もっとも、実際の蹴り足は単体ではなく、腰を介して立ち足に接続しており、その立ち足は大地をつかんでいます。したがって、蹴り足がボールに接してい

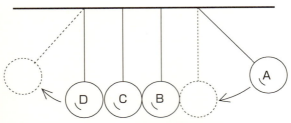

図Ⅰ-4　動いている物体の静止物体への影響

る間に蹴り足の運動エネルギー以外の力もボールに加えられます。しかし、この時間は数十ミリ秒と短いので、この時間を含めて、この本では「インパクト時」と表現します。基本的には、ボールスピードの大小はスイングスピードの大小でおおかたが決まると考えていいでしょう。

　要するに、足のスイングスピードを速くしさえすれば、速いボールが蹴れます。

　しかし、この理論を知っただけでは、やはり、うまくいきません。どうしたら速くスイングできるかがわからないからです。1つは、蹴る時に使う筋肉を鍛えることですが、それは体力トレーニングの問題ありで、本書の目的は、それ以外で球が速く蹴れること、つまり、技術練習、スポーツ心理学の言葉で表現すると運動学習の問題に答えることなのです。

　でも、その答えを考える前に、もう1つ、蹴ったボールが高く上がってしまう問題を考えておきましょう。これは、野球のバッティングで説明するとよくわかるでしょう（**図1-5**）。キックはバット（腰を回転の中心とした下肢）でセンター返しを打つことに相当します。ロケット弾は引っ張り過ぎです。ホームベースを垂直に立てかけて考えればすぐにわかりますが、サッカーの回転中心は膝か腰ですので、図の右下のようにインパクトの位置がその回転中心よりも前方にあれば、ボールが上に飛びます。小学校で習った光の反射における入射角と反射角の原理と同じで、インパクト面に垂直に球がぶつからなければ、まっすぐにはね返りません。また、足はバットと違って真っ直ぐではありませんので、図の左下にあるように足首が曲がっていれば、やはり真っ直ぐに飛びません。

　前節でも示しましたが、初心者のインステップキックでボールが上がってし

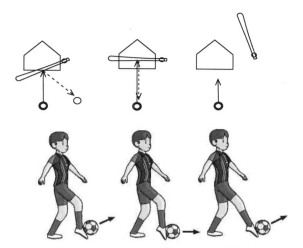

図I-5　バッティングとキックの類似性

まう最大の原因は足首の曲がりであることに間違いないと思います。しかし、もう1つの原因が、図の右下にあるように、回転中心（膝）がボールよりも後方にあることです。初心者はキックの時の踏み込みが足りないとよく言われますが、そのため、インパクト時のキック面が地面に対して垂直に保てないのです。

　これまでの説明をまとめると、人間の動作は筋肉の使い方によって決まるので、上達するためにはうまい使い方を覚えなければいけないということです。その覚えたものを筋肉への命令セット（運動プログラム）と考えると、それによって決定される人体の動き（動作）の物理的特性が決まります。動作の物理的特性を理解することで命令セットの善し悪しが判断できますので、もしボールの飛ぶ方向が悪ければ、命令セットの改良に努力することになります。それが練習です。この原理でサッカーの実際の動作を理解することがすぐに上達に結びつくわけではありませんが、この考え方で動作を分析する能力は、選手にとっても指導者にとっても重要であることだけをここでは指摘しておきたいと思います。自分や自分の指導している選手の技術がどうもよくないと感じた時、この知識は、どこがいけないかを見つけ出す上で大きな役割を果たすと思われるからです。

第4節 ▶ 人はどうやって動作を学習するのか（運動学習の理論）

　ここでは、シュートやヘディング等の動作がどのようにして獲得されるかをみてみたいと思います。前節までに紹介してきた運動生理学とバイオメカニクスの分野での研究は、うまい選手の動作がどうであるかを我々に教えてくれるという意味では多くの貢献をしてきました。たとえば、うまい選手の方が同じスピードのボールを蹴る時に消費するエネルギーが少ないという研究があります。うまい選手はエネルギー消費の少ないキック技術を身につけていると解釈できます。また、筋肉の収縮を筋電図という記録で測定した研究からは、**図Ⅰ-6**にあるように、上手な選手ほど、必要な時だけ大きな筋力を発揮して動作を効率的にコントロールしていることが明らかになっています。この図からは、インサイドキックの時は膝を伸ばす筋肉を使ってはいけないことがわかります。

　しかし、これだけでは、上手な選手はそのような効率的な技術をどのようして習得できたのかという疑問（技術学習の方法）には答えられていません。したがって、この研究結果からだけでは、うまくなるこつがわからなくて当然です。

　やはり、学問は役に立たないのでしょうか。

　しかし、あなたがこの本を読んでいる理由は、どうしたらそのような効率的なキックができるのか、という疑問に答えてくれそうだからでしょう。そこでまず、私の専門である運動学習の心理学の成果を易しく紹介します。つまり、この節では、学習が成立する（運動プログラムをうまく作れる）とはどういうことかについて、少し考えてみます。

　まず、第1節で説明した、筋肉への命令セットという考え方を復習してみましょう。この命令セットは大脳で作られると理解しておきます。この**図Ⅰ-6**にあるインサイドキックは動作が複雑なので、動作構造が簡単で動きが理解しやすい**図Ⅰ-3**にあるインステップキックで考えてみます。このような単純動

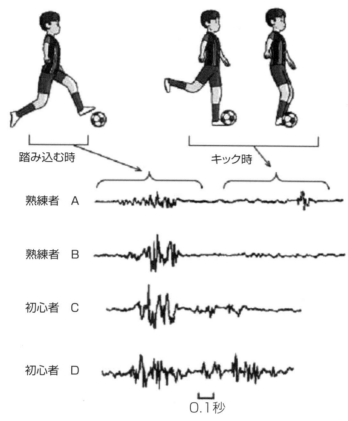

図Ⅰ-6　インサイドキック時の内側広筋の働き

内側広筋は腿の前側にある膝を伸ばす筋肉。踏み込み時には地面を蹴るために使われるが、蹴る時にはほとんど使われない。一方、初心者は、地面を蹴った後の脱力がなく、キック時も力が入っている。

作でも身体全体の数百の筋肉が調和のとれた収縮と弛緩を繰り返して成立する動作ですが、複雑さを避けるために、その一部の足の主な筋肉の筋収縮だけを例にとって考えてみます。

　多くの選手でボールタッチの利き足は右足ですので、右足のインステップキックを考えてみましょう。詳しくは第2章で説明しますが、まず、左足をボールの横に踏み込む必要があります。左足を踏み込むためには、右足で地面を蹴

らなければなりません。つまり、右足の大腿四頭筋（腿の前側の筋肉）と下腿三頭筋（ふくらはぎの筋肉）を収縮させて全身を前に移動させて左足を踏み込みます。この時の動作は大股歩きの一歩に似ているかも知れません。そして、バックスイング中の右足はあまり筋収縮を行わず、インパクト時に、もう一度、膝を伸ばす右の大腿四頭筋を瞬時に収縮させるとともに、足首を伸ばすための下腿三頭筋にも強い収縮をおこさせます。

　理想的なインステップキックの時の筋肉の働きが完全に解明されたわけではありませんが、蹴り足の動きに関与する代表的な２つの大きな筋肉が前に記したようにうまく働けば、足首の伸びた「良い」キックができるはずです。

　そうすると、トウキックになったり天井キックになってしまう初心者はこの命令セットができていないことになります。初めてボールを蹴った時のことを思いだしてみれば、ボールが思った通りの方向に飛ばなかった経験を思い出すはずです。

　そのうちある程度はうまくなったはずですが、その過程を考えてみましょう。心理学では、学習心理学という分野が担当です。この学習心理学にはSR理論という有力な学説がありますので、まず、これを説明してみましょう。

　Sとは、英語の刺激(Stimulus)の頭文字です。そして、Rとは反応(Response)の頭文字です。人間の行動は、まわりの刺激（S）に対する人間の反応（R）であり、この理論によると、学習とはよく現れるSに対して正しいRを結合させることだというのです。つまり、いつも現れる特定のSに対して正しいRの結合が強くなることが学習であると考えるわけです（**図Ⅰ-7**）。

　では、どうすれば結合が強くなるのでしょうか。SR理論では、はじめどうやってよいかわからない人間はSに対して様々な反応を繰り返す（試行錯誤する）と考えます。そして、様々な反応を繰り返していくうちに、たまたま、目的にかなった反応（正反応という）ができると、その反応とSの結びつきが強められ（強化という）、正反応が起きる確率が高まる、と説明しています。

　要するに、勝手に練習しなさいということです。このような学習形態を、試行錯誤学習といいます。しかし、我々がある技をうまくなろうとして練習する時は、まったく勝手に様々なやり方をやってみるのではなく、これがいいだろうとめぼしをつけてから始めることが普通ですし、その後も、一回一回動作を

```
刺激反応報酬（結果の知識）
S  →  R1  ダメ
S  →  R2  ダメ
S  →  R3  良い
S  →  R2  ダメ
S  →  R4  ダメ
S  →  R1  ダメ
S  →  R3  良い
S  →  R2  ダメ
S  →  R3  良い
S  →  R3  良い‥‥‥学習成立
```

図Ⅰ-7　SR理論による学習の説明

R1からR4のどのやり方を取るかは適当に決める。この理論ではPK（ペナルティキック）の練習過程を考えようとすると、キッカーにとってSにあたるものが何か見当もつかない。

反省して工夫しながら次の練習にトライしています。つまり、このSR理論は、ハトやネズミの学習を説明するのにはある程度成功しましたが、我々の技術学習の実感からはかけ離れています。

「いい感じ」の正解がとらえにくいことが、我流の間違ったフォームを身につけてしまう最大の理由ですが、この学習理論で自主練習でうまくなろうとしている選手を観察すると、「いい感じ」を間違って覚えているのでますます癖がつくと解釈されてしまい「悪いとわかっていても直せないのを直すために努力して練習している」という練習の実態を説明できそうにありません。

そこで、我々が一回一回考えながら練習していることを組み込んだ学習理論を探してみました。そうすると、SR理論に代表される連合主義の心理学（詳しい説明は省略しますので、興味がある方は心理学辞典を引くこと）に対抗する認知主義の心理学の中に見つけることができました。

その学習実験例を**図Ⅰ-8**に示しました。この実験で、チンパンジーは、試行錯誤を繰り返しながらリンゴの取り方を覚えるのではなく、いらいらしてヒステリーのような行動をしているうちに（何か考えていたのだろうと研究者は考えるのですが）、急に静かになって箱を置いてバナナを取ってしまいます。一度できると、次からは、思案することなく同じ行動を選択しました。見てい

図Ⅰ-8　チンパンジーの認知学習

た人はチンパンジーが檻の中にある道具を使えばいいことを理解したと思ったことでしょう。このことから、研究者は、チンパンジーは、状況（刺激）と行為（反応）の直接的な連合ではなく、チンパンジーの中に状況の理解が生じた（場の意味が認知された）としました。自分が置かれている場についてのチンパンジーの認知が「箱が置かれていてとれないバナナがある場」から、試行錯誤せずに「箱を真下に置けばバナナがとれる場」に変わったということです。

　これが学習理論における認知説であり、前に述べた連合説と対立しながら、学習心理学の研究を発展させてきました。しかし、サッカーのインステップキックを例にとってみると、初心者は、指導者のやり方を見て、足の甲で蹴ることを理解はしているものの、実際にやってみるとトウキックになってしまい失敗

します。この現象はやはり認知説でも説明できません。

　要するに、100年以上の伝統を持つこれまでの学習心理学の研究成果はインステップキックの効果的学習にとって何の役にも立たないことが判明しました。そこで、ここ50年ほどの歴史しか持たない運動学習を直接扱った新しい理論で考えてみることにします。

　我々の動作が筋肉への命令セットの学習だとすると、運動学習によって何が学習されて記憶に残っているのか、という問題がまず生じます。そこで、シュミットというこの分野では有名な学者の言い出したスキーマ理論を考えてみましょう。

　彼は、運動を学習することによって獲得するものは、連合説が主張するような反応そのもの（我々が専門用語で運動プログラムと呼ぶ具体的な筋肉への命令セット）ではないと考えることにしました。

　たとえば、漢字を覚えることを考えてみましょう。我々は小学生の時に何回も書きながら漢字を覚えましたが、そこで覚えたことは、単なる筋肉への命令セットではありませんでした。なぜなら、いままで足で書いたことのない漢字を指定されても、我々は、すぐにその字をサッカーシューズでグランドに書けます。つまり、何回も繰り返しながら動作として憶えた「書き順」という学習結果の実態は、肩や腕や指への筋肉への命令セットではなく、実際に書く時に書く物や書く場所に応じた筋肉への命令セットを作り出せる何物か、我々運動心理学者の言葉でいうと、その漢字を書く時に使う運動スキーマ〈枠組み〉なのです。だからこそ、我々は、大きなマスの原稿用紙にも小さなマスの原稿用紙にも、苦もなく字の大きさを合わせることができるし、足で書けといわれれば、足用に足の筋肉の命令セットを準備することができるのです。

　同じことはサッカーの練習についてもいえます。もし、日々の練習で具体的な筋肉への命令セットが学習されると考えると、ボールの大きさが違うフットサルをはじめてやる時には、一から命令セットのつくり直しをしなければならないはずです。これは、我々の実感に合いません。選手は、5号球を扱う具体的なインサイドキックの運動プログラムやドリブルの運動プログラムを記憶しているのではなく、フットサル用の小さい球にも対応できる「インサイドキックのやり方」や「ドリブルのやり方」という運動スキーマを獲得したと考える

ことにします。

　このスキーマ理論に立つと、初心者はインステップキックやインサイドキックのスキーマができていないことになります。

　そうすると、初心者は、はじめてのキック練習の時に、どうやって筋肉への命令セットを作って実行するのでしょうか。この部分に関しては、あまり研究が進んでいません。したがって、ここから先の話は私の独断と偏見に基づく推察なので、多くの研究者の合意ができているわけではないことを注意しておきたいと思います。詳しく知りたい方は拙著『新しいスポーツ心理学入門』をご覧ください。

　まず、自分の子どもが、初めてのクラブ体験で、シュート練習の場面になったと想像してみてください。おそらく、子どもは、今までに学習しているインステップキックに近い缶蹴り等の運動スキーマを借りてきて１回目のキック時の筋肉への命令セットを作るものと考えられます。こう考えると、初心者が「蹴りなさい」と言われても、もじもじしてなかなか蹴ろうとしないことがうまく説明できます。過去の記憶からキックに近いできあいのスキーマを借りてきてボールを蹴る筋肉への命令セット（運動プログラム）を作るので、借りてくるスキーマの選択やプログラム修正に時間がかかるし、はじめはその元となったスキーマの本来の目的の動作に使う筋肉への命令パターンが混じってしまう、と考えるとうまく説明がつきます。

　インステップキックに使う膝伸ばし動作に似ていて、もっともよく使う「膝関節伸展動作」は何でしょうか。そうです。片足で立ったまま、もう一方の足の「膝を曲げた状態から自然に伸ばす動作」は、歩いたり走ったりする時の膝の動きです。ですから、蹴る前にいくら足を緊張させて足首を伸ばしていても、脱力して膝を伸ばそうとした時には、習慣に還って足首が曲がってしまいます。なじみの缶けりも同じような膝の曲げ伸ばしを使いますが、足首は曲げて蹴ります（図Ⅰ-9左）。普通に経験している膝伸ばし動作はみんな足首を曲げた動作ですので、初めて膝伸ばしでサッカーボールを蹴る時はつま先で蹴るトゥキックになってしまうのです。なお、インサイドキックは単純な膝伸ばし動作ではないのでこうはなりませんが、別の問題があります。それについては第２章で説明します。

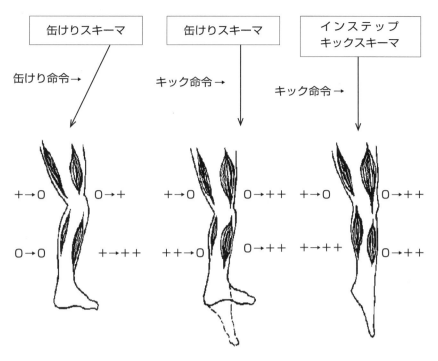

図Ⅰ-9　インステップキックの遂行過程
矢印は、バックスイングからインパクトにかけての筋活動の強さの変化を示す。左と右は習熟された場合の筋活動変化。缶けりを覚えた人がそのスキーマを使ってインステップキックをやろうとすると（インステップキックの運動プログラムを実行すると）、真ん中のように、バックスイングまではいいが、蹴る段階で足首が曲がってしまう。缶けりスキーマを使ったかどうかは実証できないので1つの可能性として示した。

　インステップキックの練習で足首の伸ばしばかり強調すると蹴りがぎこちなくなりますので、私は、しばらく練習した後で「足の甲で缶けりをしなさい」と指導することにしています。これは、膝下の自然な伸ばしによって蹴る感覚を覚えてもらいたいからです。「缶けり、缶けり」と言い聞かせながら蹴ることにより、膝の自然な伸展を確保し、足の甲で突っつく意識を持つことで足首を曲げる動作を抑制しようというわけです。しかし、この意識を持ってボールを蹴ることが全員に有効というわけではありません。その理由は、缶けり動作

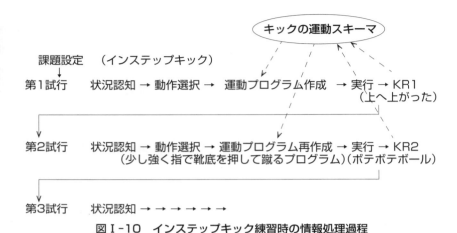

図Ⅰ-10 インステップキック練習時の情報処理過程

初心者は、缶蹴り等の運動スキーマから運動プログラムを作る。第2試行以降は、「状況認知」と「動作選択」が全く同じなので、運動プログラム作成に注意を集中できる。しばらく練習するとキックの運動スキーマができるので、素早く運動プログラムを作れるようになる。
繰り返し練習の時、毎回違うのは、KR（Knowledge of Results：結果の知識）だけ。

のプログラムを作り出すために記憶されている缶けりスキーマの性質が個人個人で異なっているためです。また、缶けりスキーマでないスキーマからキック動作の運動プログラムを作って蹴る練習をはじめた人もいるかも知れません。したがって、どのような意識を持ってボールを蹴ったらいいかは個人個人によって異なりますので、自分に一番合った意識の持ち方を自分で考えなければいけないのです。

　この運動学習の過程を理解するために、スポーツ心理学の授業で使っていた図をアレンジして紹介しておきます（**図Ⅰ-10**）。人間は、何をすべきかを理解した後、周りの状況を認知してなすべき行動（動作）を選択し、その動作遂行のための運動プログラムを作成して実行します。結果の知識（心理学用語でKRという）を得て反省するわけですが、通常の心理学では選択された動作は習得されているので、図右上にある運動スキーマから難なく運動プログラムが作成されます。そのため、間違った場合は、動作（行動）選択の間違えとして反省されます。しかし、運動学習の場合はスキーマ自体が完成されていません

ので、試行ごとに作った運動プログラムの良否が反省されます。この図にあるような心構え（反省過程）が、技術を獲得する場合に重要なことをよく理解しておいてください。

　こういう一般論だけではまったく役に立たないように見えるかも知れません。しかし、後ほどの各技術の解説の章では、どのような意識を持ったらよいのか、どのような意識になってしまうので失敗するのかを、わかっている範囲で、また、推測できる範囲で紹介しますので、その中から、自分にあった解決方法を見つけてください。完全に自分にぴったりの方法が得られなくても、それをひと工夫すれば、自分にぴったりの方法が見つかるはずです。その時、この図（理論）を理解しておくと、効果的な反省に繋がると、私は考えています。

　つまり、もっとも重要なのは、自分で考えて練習方法を工夫することなのです。その時、自分の動作がどうなっているかを、ビデオカメラなどで視覚的に理解するとともに、動作を行っている時にどんな感じであるかにも十分注意を払ってください。この「感じ」を難しい専門用語では筋運動感覚と表現しますが、これに敏感になれるかどうかが、個人技術の上達を左右するのです。特に、インサイドキックは、シュートからふわっとしたパスまで様々に異なる強さが要求されるので、各スピードでの動作の遂行感を筋運動感覚として確認することは大切です。

　いずれにしても、自分で練習を工夫して性能のよい（状況に合った適切な運動プログラム作成能力のある）運動スキーマを身につけることが大切だということを頭に入れておいてください。

第5節 ▶ 動作選択とその背景
（状況判断の理論）

　前節までは、実行すべき動作はすでに決まっているという前提のもとに話を進めてきました。たとえば、インステップキックでシュートするという選手の決定が正しかったかどうかには関係なく、その決定され選択されたシュートの動作をどう行うかという話をしてきました。しかし、実際のゲームでは、それ以前にシュートすべきかパスをすべきかという動作選択の問題が存在し、選手は、そのようなゲーム状況で、逐次的に何をすべきかの判断をしています。この判断が間違っていれば、いかに良いシュート技術を持っていても、いい選手にはなれません。

　この節では、この問題をとりあげます。これは、個人の技術ではなく、グループ、もっと大きくはチームの技術です。通常は、このスキルを戦術的スキルといいます。

　例として、自分が新しいサッカーボールを買って繁華街を歩いているうちに、急にボールリフティングがしたくなったと仮定してみましょう。あなたは、すぐにボールを取り出してつきはじめますか。あなたはそれほど非常識な人間ではありませんよね。おそらくは、きょろきょろあたりを見回して、適当な場所を探すはずです。あるいは、そういう欲望は我慢して家に帰ったり、少なくとも繁華街を抜けるまでは我慢したりするはずです。

　実は、サッカー選手はフィールドに入った途端に、このような「ボールを蹴りたい（シュートしたい）」という我慢できない欲望にとりつかれるものなのです。ですから、上の例でリフティングに適当な場所を見つけるまで我慢するように、フィールドに立ったら、シュートにちょうどよいところでボールをキープするまで、シュートは我慢しなければならないのです。それができるかどうかが、いい選手かどうかの分かれ道です。

　繁華街のマナーに非常識な選手は、小さい子供が遊んでいるちょっとしたスペースの公園でもリフティングをはじめるでしょう。同じように、サッカー

フィールドでのマナーの悪い選手はどこでボールをパスされようとも、シュートまで行こうとしてドリブルを開始するでしょう。マナーとは、どういう状況ではどういうことをしてはいけないか、また、しなければならないか、についての知識です。ただし、単なる知識ではなく、それが常時実行されていなければならないという制約を持った知識なのです。

　ボールを持ったら、常に、パスかドリブルかシュートの選択肢を頭に浮かべて考える必要があります（パスをもらう前にパスかドリブルかを考えるのは上級すぎてこの本の範囲外です）。これは、サッカーに限らず球技の常識であり、上の文脈でいえば、サッカーのマナーです。このことは、サッカー選手であれば誰でも知っているはずです。つまり、知識としてはどの選手も持っていますが、それがサッカーフィールドという場で常時実行されているかというと、そうでないところに問題があります。誰でも知識として持っているのにもかかわらず、球技禁止の公園でサッカーをしてはいけないというマナーが守られないことと、その根本は同じです。つまり、常識であるはずの知識が必ずしも実行できないということです。

　したがって、非常識なサッカー選手の繁華街での行動の原因を考えてみると、フィールドで非常識なサッカー選手の原因がわかり、サッカーの戦術的スキルが向上することになります。

　公園でリフティングをはじめた選手は、幼児の存在に気がつかなかったのかも知れません。これは、公園では幼児が遊んでいる場合が多いという知識を知らなかったと考えられます。また、リフティングをしたいという欲求が強くて、そのことが頭に浮かばなかったり、自分はうまいから子供がいても大丈夫と考えたかも知れません。

　これと同じ状況がサッカーの試合にもあります。ある選手がウィングからドリブルで中に切り込んで、外側にうまくオーバーラップしたフリーな選手がいたにもかかわらず強引にシュートしたが失敗した場合を考えてみましょう。彼は、自分が中に切り込めば後ろからの選手がオーバーラップしているのが常識だという知識を知らなかったと考えられます。あるいは、自分でシュートしたいという欲求が強すぎて、オーバーラップする選手に気づかなかったのかも知れません。

もしかしたら、この選手は、ドリブルで抜けると自分の技術を過信するか、1人抜けばすぐシュートできると勝手な予測をして、カバーにきたディフェンダーの位置をわかっていてもパスしなかったのかも知れません。その場合は、前の例で公園に子供が遊んでいることは気がついていたにもかかわらず、だいじょうぶと勝手に判断したマナー違反に似ているかも知れません。

いずれにせよ、公園で非難される行動をとる人が公園でのマナー（常識）をわきまえていないように、サッカーの試合で非難される行動（不適切な動き、不適切な状況判断）をとる人は、サッカーの試合でのマナー（常識）をわきまえていないことになります。

公園での行動は、自分の目的（欲求）と状況の許容範囲（どこまでやったら怒られるか）を計算して、個々の人間が選択するものです。公園を散歩していて向こうから来る人を見つければ、我々は無意識のうちに右側に寄ります。人だかりがあれば、無意識に近づこうとします。人だかりは重要な情報をもたらす可能性が高いからです。

このように、何が行動選択のルールかということは、慣れ親しんだ場にいる人間にとってある程度決まっており、そのことを無意識に理解しているからこそ、スムーズな行動がとれるのです。たとえば、上の散歩の例のように右側に寄ることも基本的なルールだし、公園でリフティングしたくなったとしたら、すぐに球技禁止の看板があるかどうか、あるいは、子供がいないかどうかを確認するのもルールです。

また、ルールに精通するだけではなく、重要なものがどこにあるかをあらかじめ知っておくこともスムーズな行動選択にとって大切なことです。たとえば、のどが渇いた時、水飲み場や自動販売機の場所を覚えればすぐに行動に移せます。初めての公園では、それがわからず、あたりを見まわすだけの時間を余分に必要とします。サッカーフィールドでパスしようとしてあたりを見まわしている間にボールをとられてしまう初心者は、初めての公園で水飲み場を探してうろうろしている人と同じです。彼らの頭の中に公園の地図が入っていないように、サッカーの初心者にはサッカーフィールドの地図が頭に入っていないのです。

いずれにしても、我々が公園の地図を頭に描きながら園内を散策するように、

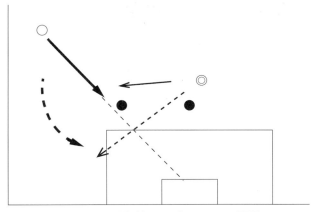

図Ⅰ-11　認知地図とパスコースの関係

●は敵の選手（以下の図も同じ）。
○印の選手が真っ直ぐにゴールへ向かって走り◎印の選手からボールをパスされても前に敵がいるのでシュートまでいけない。ゴールへ直接向かわないで走ると、敵の陣形を崩すパスがもらえる。

サッカー選手は、現在自分が持っている頭の中のサッカー地図を頼りにして、パスかシュートかの選択や、どの位置でボールを待つべきかの選択を行っているのです。我々は、この地図の使用を常に意識しているわけではありませんが、あの時のあのスペースの意味がわかっていなかったのであそこにパスが出せなかった、というような反省が出ることで、その存在を確信することができます。

　この地図のことを、専門用語では認知地図と言います。紙に書いてある具体的な地図ではなく、頭の中で認知しているだけの地図という意味です。このことについては、後で詳しく説明するのでこのくらいにしておきますが、個々の選手が持っている認知地図の正確さと精度が選手の戦術的スキルのレベルを決めることだけは頭に入れておいて下さい。自分の動きがおかしいと反省する時は、自分の認知地図のどこかが間違っている、と考えないといけないのです。つまり、自分が重要だと思っているものが本当は重要でなく、それとは異なったものが重要である可能性や、自分が行動の原則と考えていることが間違いである可能性を考慮するべきなのです。

　たとえば、ボールを味方が持てば必ずそのボールを自分の前でもらおうとす

る選手がいます（**図Ⅰ-11**）、◎の選手がボールを持っているとしましょう。
○で示した右ウィングの選手は、何も考えないとゴールに向かってまっすぐ走
り込むはずです。しかし、これでは横パスをうまくトラップしても敵のディフェ
ンダー（DF）がすぐ前にいるので、シュートまでいけません。でも、この選
手がペナルティエリア前の敵味方4選手の配置をこのように理解した（このよ
うな認知地図を持っている）場合は、点線のように走ればダイレクトのシュー
トも可能になります。自分がどこに向かって走るべきかを考えるためにはこの
認知地図の理解が必要なのです。

第6節 ▶ 人は何によって場面に最適な動作を選択するのか（認知地図の利用）

　ここまでくれば、この節題の回答は出たも同然ですね。適切な認知地図を持っていて、それを持ち出して使うことができた人だけが適切な動作を選択できるのです。

　図Ⅰ-12 に示した例でボールを持った★の選手が切り込んできたとしましょう。彼の視界に入っているのは円の中の選手だけです。したがって、ゴールが狙えると判断したら、ディフェンダー（DF）を抜く前にスピードを生かしたロングシュートを、スイーパー（SW）の位置がおかしければ、1人抜いてのシュートを狙うでしょう。しかし、うまい選手はそれ以外の行動選択も可能です。なぜでしょうか。

　彼にとってより重要なのは、それ以外にもキーパーの位置、逆サイドのディフェンダー（DF）の位置があります。実は、うまい選手は、その数秒前に、味方の逆サイドのフォワードと自分の外を走るオーバーラップの選手の有無も確認しています。したがって、ドリブルを開始した時点で逆サイドのフォワード（FW）の走り込みを確認してあれば、逆サイドのディフェンダー（DF）の後ろに十分なスペースを見つけるだけで、味方フォワード（FW）の位置は確認せずにクロスボールがあげられます。また、オーバーラップの選手のマークが遅れていたとわかっていれば、わざと失敗したようなゆっくりなドリブルで自分のマークを引き付けて、オーバーラップでフリーになった右の選手にボールを出すことも可能となります。これらは一瞬のタイミングですので、逆サイドの味方フォワードを再確認したりオーバーラップした選手の位置を確認したりしていては、タイミングが遅れたり、敵にプレーを読まれたりして失敗してしまいます。

　このように、上手な選手の認知地図には、数秒後の予測を可能にするために重要なもののマークが書き込まれています（**図Ⅰ-12** の☆印）。そこを記憶しておくと、数秒後の認知地図に、自分で見えない部分（◇）を書き足すことが

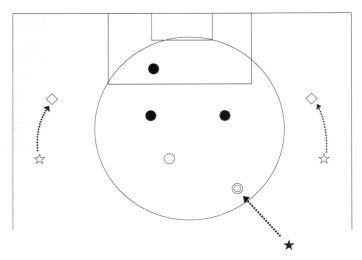

◎ ：ボールを持った選手　◇：今いると推定した選手
○●：ずっと見えている選手　★：数秒前のボールを持った選手
☆ ：数秒前に動きを確認した選手

図Ⅰ-12　認知地図の利用

丸で囲んだ部分は◎の選手がドリブルしながら確認できる範囲だが、★の位置でドリブルを始めた時に☆の選手が動く方向を確認できていれば、その2人が◇の位置にいるだろうと推定して場を理解することができる。普通は☆の選手にも●の敵の選手がマークについている。

できます。この図で、ゴール方向（大きい丸の部分）を見た選手が頭の中に四角で書き足した部分が、ドリブル中は見えない逆サイドのフォワード（FW）とオーバーラップした選手の位置です。

　ところで、もし、オーバーラップする選手や逆サイドを攻め上がるフォワード（FW）がいなかったらどうなるでしょうか。そうすると上手な選手も下手な選手も同じことになるのでしょうか。

　いや、うまい選手はやはり違います。シュートが打てないと判断した時、下手な選手は無理やり抜きにかかりすぐにボールをとられてしまいますが、上手な選手は無理に抜こうとせずボールキープしたり、バックパスで味方の選手にボールを渡したりすることができます。これは、自分の後ろにはサポートの選手が必ずいるはずだというポジショニングの原則がわかっているからです。こ

の認知地図の理論は学習心理学の認知説での説明になっています。認知説の考え方は戦術練習の理解には有効ですので、本格的に指導しようと思っている方は学習心理学の教科書を読んでください。

　もっとも、他の選手が下手でサポートのルールを知らないと、かえって敵にボールを渡すことにもなります。このようなチームでは、上手な選手は1人でゲームを作ることになり、それが日常化すると、チームプレイを忘れて、上手な選手も下手になってしまいます。つまり、チーム全体のレベルが上がらないと個々の選手がうまくならないのが戦術的スキルの特徴であることを十分に理解して、チームのみんなで戦術的スキルの勉強をする必要があることを強調して、この節を終えます。

　もっとも、通常はあそこへパスを出すのが普通だけど、無理してシュートしちゃった、というようなこともあります。こう言われて問題なのは、彼が本当にパスコースがわかっていたにもかかわらずシュートしたのか、それとも、本当はわからなくてシュートしたのに強がりを言っているだけのか区別がつかないことです。本当は、本人自身もわからない場合があります。そしてもっと困るのは、そのためにシュートが入って勝ってしまうということが少なからずあることです。

　さらに、もっともっと困るのは、そういう身勝手な選手が1人ぐらいいた方が強いチームになる場合があるということです。いつも身勝手にシュートを打つ選手では困りますが、少なくとも、センターフォワードは、そういう傾向の強い勝ち気な選手の方がいいのです。このあたりは、心理的適性という分野の研究になりますが紙面の関係で省略します。

第6節　▼　人は何によって場面に最適な動作を選択するのか（認知地図の利用）

第7節 ▶ 動作分析と運動学習に関する研究・知識はどのように役立つか

　この章では、運動技術が学習されると人間の動作や行動がどう変化するかについての様々な角度からの研究を紹介し、その成果をサッカーのスキルに当てはめた場合どうなるかについて、例をあげながら説明してきました。

　その際、これらの理論に関する知識が、効率的な練習の方法を直接的に教えてくれるわけではないことも強調してきました。効率的なキック技術の物理的解明がなされても、それを知識として得ることですぐにキックがうまくなるわけではありません。運動プログラムを作って動作を実行することがわかっても、よい動作プログラムを作るヒントが直接得られるわけではありません。

　その理由は、筋肉を収縮させる意識や運動プログラムを作る意識を直接的には持てないためと思われます。戦術的スキルについても、後から反省的に認知地図の間違いや欠落を指摘できるだけであり、認知地図を取り出し常時変更しながら用いているという意識をゲーム中に持つことはできません。したがって、通常我々が体験する問題意識は、どこが悪いのかわからない、あるいは、自分の悪いところはわかっているが直せない、というものでしかありません。

　であるがゆえに、よいと思われる動作をやってみる時ではなく、よいと思って行ってしまった動作を反省する時に、これまで述べてきた観点からの知識が役に立つと思われます。また、本来一つながりの動作を意識的に分解して習得しようとする時には、学問的成果をより効果的に役立てることができます。たとえば、缶けりや歩く動作のスキーマを使うのでインステップキックの時に足首が曲がってしまうという指摘からは、そのようなスキーマの影響を少なくするため、ゆっくり蹴ったり、バックスイングで一旦止めて膝下だけのスイングで蹴る練習をすればよいだろうという予測が引き出せます。実際、私の指導経験からも、バックスイングの構えから膝下だけの振りで蹴る練習は効果的でした。

　学問研究から得られるものはあくまでも一般論としての知識ですので、それ

をもとに自分なりの工夫で練習に主体的に取り組むとともに、主体的に考える努力が必要なのです。コーチの助言は、学問研究の成果の伝達よりもより具体的ではありますが、それを消化できるかどうかは、選手の主体性（自分で考えてコーチの助言を取捨選択し、自分が納得して取り入れること）にかかっています。なぜかというと、コーチはあくまでも他人であって、自分のすべてをわかっているわけではないからです。

たとえば、自分にも完全にわからないような自身が持っている認知地図を、コーチがすべて理解して間違いを指摘するなど、できないに決まっています。コーチの言葉を聞いて自分の意思で自分の認知地図を修正しない限り、戦術的スキルは進歩しないのです。

ところで、サッカーに上達するには、技術練習と戦術練習以外にも、東京オリンピックで流行したメンタルトレーニングのサッカーへの応用が必要になりますが、初心者の練習にはそれほど必要ではなく、紙面の関係で個々のテーマで少しだけ触れるにとどめています。

その理由は、初心者は、いい指導者のもとで練習すればどんどんうまくなるので、動機付けが下がることはなく、この段階のクラブ活動で意欲が問題となるのであれば、必要なのはメンタルトレーニングではなく、部の雰囲気や指導法の問題だと思うからです。

また、多くの「普通の選手」にとってやる気喪失の大部分は、環境に対する不適応であり、スポーツ特有の問題ではありません。したがって、スポーツ活動に関することだからと、安易にメンタルトレーニングに走るのは危険だとも考えています。本当にメンタルトレーニングが必要なのは、本気でチャンピオンになりたいと考えている人だけです。詳しくは、オリンピック選手を何人も育てた日体大の故長田一臣教授との対談（『勝者の条件』）をお読みください。

第２章

技術のトレーニング

第1節 ▶ インサイドキック

① インサイドキックはなぜ難しいのか

インサイドキックがサッカーの基本的キックであることはどの指導書にも書いてあります。そして、多くのサッカーの本では、キックの説明の一番はじめに出てきます。

ゲーム分析によると、試合で使われるキックの6割前後はこのキックです。このキックは、足の内側（インサイド）、つまり内踝のあたりで蹴りますが、その理由は、足の中でもっとも平らな部分ですので、中心から少し外れた部分に当たってもボールがまっすぐに飛ぶからです。転がってくるボールは、途中でイレギュラーして予想通りには近づいてくれませんので、そのボールを正確に蹴るためには、多少打点がずれても同方向に飛ぶインサイドキックがもっとも有利なキックであり、試合で多用される理由でもあります。しかし、習得するのがもっとも難しい技術なのです。

その理由を、スキーマ理論から考えてみます。この理論では、一度もやったことのない動作をはじめて実行する時は、その動きにもっとも似ていると考えられる「習得済みの動作〈スキーマ〉」を参考にして、とりあえずの運動プログラムを作って実行すると仮定しています。

それでは、インサイドキックにもっとも似た動作は何なのでしょうか。インステップキックの場合は、前章で述べた缶けり、あるいは、石けりがすぐにイメージできます。しかし、インサイドキックに似た動作は何でしょう。なかなか思いつかないですね。

それは、人間の解剖学的構造にあります。膝関節は、ドアを支える蝶番のような蝶番関節（扉を支える金具のような構造）ですので、その関節を動かすと下肢は前後方向には動きますが、左右方向、つまり内踝の方向には動きません。左右方向に動かすためには股関節を使う必要があります。さらに、蹴る動作を

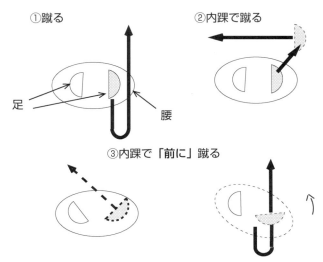

図Ⅱ-1-1　初心者が内踝で蹴るプログラムを作成する時の内的過程

考えると、もう一方の立ち足で地面を支えていないと蹴れませんので、足下にボールを置いて蹴ったら立ち足に当たってしまいます。ですから、遊びも含めて日常動作で、立ったままで内踝を内側方向に動かす動作はほとんど存在しません。強いて探すと、砂場で足下に砂を集める時ぐらいでしょうか。これではキックに応用できませんね。

　この難題の本質を理解することは、実際に初心者を指導する時に重要な視点ですので、難しいですが少し詳しく説明します。

　普通の状態（日常生活）では、インサイド、つまり、踝（くるぶし）の内側は常に左肩の方向を向いていますので、何も知らない人が「ここで蹴ろ」と言われると、**図Ⅱ-1-1**の②のような右足を右方向にスイングして左へ振るイメージが生じるはずです。なぜかというと、普通の蹴る動作は図の①のように、足をバットのように使って「バックスイング→フォアスイング」するイメージですので、それをそのまま応用して、②にあるように、ボールを少し前に置いて右にスイングして左に蹴るイメージになるのです。

　ところが、そのままだとボールは左に飛んでいってしまうので、③の左に示したように内踝の面を前に向けてバックスイングできるように構えます。それ

でも、ボールの飛ぶ方向は点線で示したように斜め左になってしまいます。指導者の見本は頭の向いた方向に蹴っていますので、その矛盾を何とか解決しなければなりません。内踝で蹴るとその面と垂直にボールが飛ぶことはわかっていますので、多くの初心者は、③の右に示したように、右内踝の面を正面に向けるために、身体全体を斜め右に向けてバックスイングして蹴ろうとします。この状態で右足を面方向にスイングすると、骨格の構造から、回転の中心は左足の踵あたりとなり、左回転のスイングになります。そのため、内踝の面も回転し、タイミングがずれるとボール方向が左右にずれてしまいます。特に、強く蹴るとボールが意図したよりも左に飛んでしまう場合が多いのですが、それは、動いてくるボールに対して同じタイミングでキックを開始して強くスイングすると普段より前でインパクトするので、面が左を向いた状態でインパクトしてしまうからです。シュートすると左にずれることが多い選手は、このような振り回す癖が残っている選手です。

　インサイドキックは正確に蹴るための技術ですが、この振り回すフォームだと、インパクト時の蹴り足の位置がずれた時に蹴る方向が変わってしまうので、面がまっすぐ移動する正しいキックを身につける必要があるのです。

2　インサイドキックの力学

　このキックがどういう原理で成り立っているかを考えると、それだけでも、4、5ページは必要になります。それなのに普通の指導書には、2、3ページの練習メニューしか書かれていません。これでは、1人で練習すると悪い癖がつくはずです。そこで、まずはインサイドキックの原理を説明しますので、よく理解しておいて下さい。必ず、練習や指導に役立つはずです。

　まず、習得が難しい理由を説明します。多くの指導書では、立ち足と蹴り足を90度にすると書かれています。つまり、**図Ⅱ-1-2**に示した状態でインパクトするわけですが、このように構えた足をバックスイング・フォアスイングと振り回すことができるでしょうか。

　そこで、このフォームでインサイドキックをするときにボールスピードを決

図Ⅱ-1-2　インサイドキックのインパクト時のフォーム

めている要因を考えてみましょう。

　前の章のインステップキックの説明を思い出してください。ボールスピードを速くするためには、膝関節を伸ばしてボールが当たる物体である下肢のスピードを速くする必要がありました。インステップキックは自然に立った状態からのスイングという単純動作でしたので野球のバットにたとえることができましたが、インサイドキックはそうはいきません。**図Ⅱ-1-2**の構えからバックスイングして右足を振り回すとどうなるでしょうか。

　膝関節は蝶番関節ですから、この状態で膝関節を中心に曲げ伸ばしすると、膝が斜め右を向いているので、内踝は右前方向に動いてしまいます。内踝を面に垂直な方向（以後面方向と表現する）に動かすためには、股関節を使わなければならないのです。しかし、このフォームから股関節を前後に振り回すことはできるのでしょうか。股関節でつながっている大腿も、自然に立ている状態では、前後に振ることができますが**図Ⅱ-1-2**にあるように膝を外側に向けた状態で振りまわすことはできません。

　そこで、模型を使ってインサイドキックの原理を説明します。**図Ⅱ-1-3**に示した棒の動きを見てください。この図で用いた模型は、蝶番で2つの木片が

第1節 ▼ インサイドキック

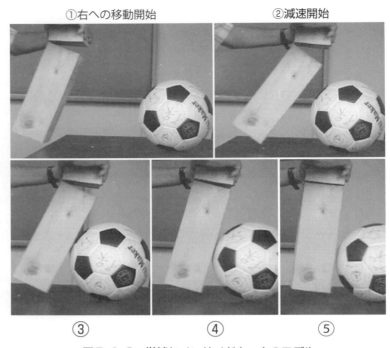

図Ⅱ-1-3 単純なインサイドキックのモデル
③から⑤までは、1/15秒おきの画像。③でインパクトして、⑤の時点ですでに、ボールが木柱から離れることに注意。

つながっているだけであり、その下の木柱を回す力は蝶番には加えられていないことに注意してください。

　上の部分を持って右に動かして止めると、下の部分は慣性力で回転してボールに当たります。そのため、腰の筋肉を使って脚を振り回さなくても、この木柱よりも重い足がこれよりも速いスピードでボールに当たるので、この動きだけで結構速いボールが蹴れるということになります。実際にボールを蹴る場合は、蝶番の部分が股関節（大転子）ですから、**図Ⅱ-1-4**のように、右足で地面を蹴って腰を前に動かして止まれば、キックができるはずです。

　理解を深めるために実際の腰下の動きを表したのが**図Ⅱ-1-5**です。これは、インサイドキックで最も重要な動作要素を模式図にしたものです。

　左が単純化した模式図で右が実際の脚の動きです。図の左の丸いジョイント

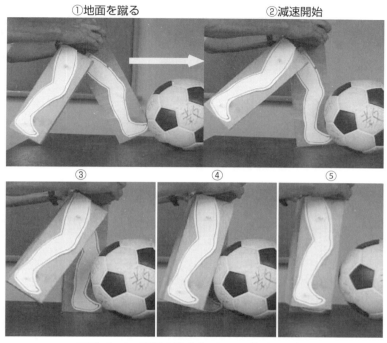

図Ⅱ-1-4　実際の動きをイメージしたモデル

①で地面を蹴って、腰の矢印方向の動きを作り、②から減速すれば、④のインパクトで自然にボールが押し出される。

は腰の関節で、上の四角が腰と考えてください。蹴り足で地面を蹴って腰を水平に移動させると、蹴り足は自然にバックスイングをとります。そして、A地点で腰が減速し始めると蹴り足は自然に前方へ回転移動します。立ち足で腰の動きを止めるためには立ち足の足首と膝を曲げないといけないので、Bから完全に止まるCまでの間は、膝が曲がって腰の位置が低下します。そうすると、Bにある棒はこのままでは地面を蹴ることになってしまいますが、実際の蹴り足は膝が曲がるので長さの調節ができ、Cの時点でボールにインパクトできます。C地点での実際の右足は、図の右のBの形でフリーズしてインパクトを迎えます（右の図の点線の丸は腰を示す）。**図Ⅱ-1-2**の写真はこの時点の構えを片足立ちで作ったフォームです。この姿勢がバランスよく作れれば、イン

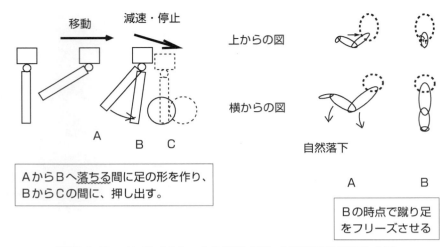

図Ⅱ-1-5　インサイドキックの原理（左）と実際の脚の動き（右）

サイドキックキックは完成したのも同然です。その理由は、指導メニューのところで説明します。

ところで、この図で足の力を加えるのは、腰の移動の始めと終わりだけです。つまり、腰を前に移動させる時に地面を蹴る右足の力が必要で、腰の動きを止める時にまた、左足の踏ん張る力と内踝の面を前に向けてフリーズするための右足の力が必要になるということです。なお、インパクトの時点で腰下の右脚の関節を股関節も含めてすべて固定させると、左股関節を中心とした回転運動となり、左足を除いた50キログラム程の物体が500グラム程度の軽い物体に衝突するので、あまり速くないスイングでも強いボールが蹴れます。

図Ⅱ-1-5で説明したように、横の動きを止めるために膝が曲がって重心が下がると、その位置エネルギーの減少も回転エネルギーに変えられて使われます。ですから、実際のキックでは、図Ⅱ-1-3に示した横へ動くエネルギーの減少だけではなく、一度地面のキックで上昇した重心の位置エネルギーの減少も加わった力で蹴り足が回転してボールが蹴られることになります。

このキックを構成する主な要因はいま述べた腰を中心とした円運動です。円運動であることは、インステップキックと同じです。ただし、インステップキックは、膝をグリップに見立てたバットにたとえられましたが、インサイドキッ

クは強いていえば、ゴルフのスティックです。しかし、膝が曲がっているので、コメディなどにときどき出てくる途中で曲がったクラブを思い出してくれればよいでしょう。手で持つところが、腰の関節に当たります。そして、この腰（股関節）を中心とした回転は、股関節を直接回転させる筋肉以外の要素が大きいことを説明してきました。

しかし、それ以外に、腰の平行移動による力も関与します。**図Ⅱ-1-5** では、左膝を曲げて腰の動きを止めると説明しましたが、腰が完全に止まるわけではなく、減速するだけですので、インパクトの瞬間にはまだ前方に動いています。それから、第1章で説明したように、インパクト後もボールが変形してしばらくはボールが足に接触していますので、その間に左足を使って腰を前に持って行くようにすれば、より強いボールが蹴れます。

そして、もう1つ重要な要素は、インパクト時の踵の押し出しです。インパクト時にちょっとだけ足を縦回転させる力を加えて踵でボールを押し出します。前に説明したように、膝は蝶番関節ですので、大腿と骨盤をつないでいる筋肉を使って一瞬だけ踵を押し出します。

こう書いてもよくわからないと思いますので、壁に向かって次の動作をやってみてください。まず、両手を壁に付けて軽く寄りかかり、左足のつま先を壁につけて立ち、右足を少しだけ持ち上げてつま先を 20㎝ 右の壁に付けます。そして、その姿勢を保ったままで、右足のつま先を壁につけたままで「コンコン」とその足の内踝で壁を叩いてみてください。この動作では、右足が右回転して内踝が壁を叩く状態になっているはずです。この動作がインパクトの一瞬に入るとうまくボールをはじくことができます。

うまく壁を叩くためには、向こうずねにある前脛骨筋に力を入れてつま先をきちんと曲げ続けていなければなりません。この動作が。普通の指導書で「足首を固定して蹴りなさい」と書かれている内容です。しかし、固定する方法は書いていません。これでは、固定できない人には何の参考にもなりません。ちょっと詳しい本には、つま先を曲げて固定しろと書いてありますが、その理由は、ふらふらしていると強い球が蹴れないからだ、と書いてあります。それも1つの理由ですが、一番の理由は、足首が曲がっていないと、きちんとした押し出しができないことなのです。また、いくつかの本には親指を立てろと書

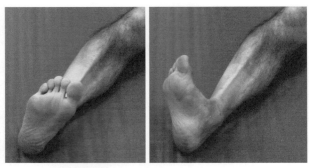

図Ⅱ-1-6　立った姿勢から小指を立てる

注：左は親指を立てた悪い例

いてありますが、本当は「小指側を立てろ」というのが正しい教示です。もっとも、私が女子学生に教えていて、足をつかんで正しいフォームを教えたところ、これは私の意識としては親指を立てることだ、と答えました。親指立てと小指立ての力の入れぐあいの差が、よくわからないのだと思います。その違いを図Ⅱ-1-6示しましたので、親指を立てた場合と小指を立てた場合の膝下の状態の違いを体で感じるように訓練してください。そしてその違いがわからないうちはインサイドキックをマスターしていないんだと考えてください。

3　静止ボールのインサイドキック

　インサイドキックの原理がわかったところで、次に練習方法を説明しましょう。これは、私が小学校の先生になる男女学生に長年教えてきて、到達した練習方法です。女子のほとんどはまったくの初心者であり、指導に許される時間は全部で多くて90分授業を7回、少ないと5回でした。その中の初回だけがインサイドキックの指導時間で、それ以外にパスやトラップの指導の時間に少しずつ復習するだけで仕上げるのですから大変です。これまで書いてきたキックの物理的な原理は教える暇はないのですが、これから説明する順番で覚えれば、最後の試験で、女子学生の3分の1がまともに蹴れるようになります。一方、遊びも含めると経験者が多い男子学生の方が、原理の説明ところで記した

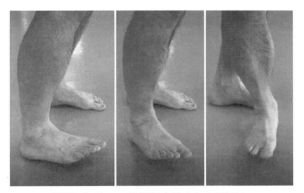

図Ⅱ-1-7　つま先を中心とした踵回し

力の入れ方を示すために素足の動きで示しましたが、グランドでは、実際の円弧を描いてみてください。

回し蹴りの癖が抜けずに正しいキックが習得できないようです。

　ただし、最後のゲーム練習になると、女子でも興奮して振り回す学生が多くなります。女子の場合は、強く蹴る練習をすると力がないので強く振り回してしまい、フォームが固定する前に変な癖がついてしまい、男子の場合は元の悪いフォームに戻ってしまいます。ですから、少なくともはじめの１月ぐらいは、練習の始めに、毎回、以下のメニューの最初から、反復して正しい動作の感覚を確認してほしいと思います。そうすれば、後々のゲームで、ダイレクトシュートを左に外さないですむようになるでしょう。

　そのことを頭に入れておいて、以下のメニューを順次やってみてください。

（１）踵で地面に円弧を描く（図Ⅱ-1-7）

　踵を地面につけたままで蹴り足のつま先（小指側）を立てて、そのつま先を中心に（位置を動かさずに）踵でグランドに６分の１の円弧を描いてみましょう。この時、蹴り足（描く方の足）の膝は曲がっていますから、それ以上に立ち足を曲げないと、踵が地面につかず線が描けません。また、踵で描くのですから、足首を曲げる前頸骨筋（すね）に力を入れてつま先を立て続けていないといけません。この動作は、後に述べる立ち足の膝を曲げてバランスをとる練習にもなります。

（2）インパクト時のフォームを作る

　円弧がうまく描けたら、描き終わった位置をキープしてみてください。おそらく、そのままでは重心が前の方にあって不安定なので、そのままのフォームで立ち足の膝を少しだけ伸ばして安定な位置で立ってください。右足の形をそのままにしてあれば、**図Ⅱ-1-2**の写真と同じフォームになっているはずです。

　このフォームを確認できたら、「気をつけ」の姿勢からこのフォームを作ってみてください。**図Ⅱ-1-8**にあるように、①右足の小指側を立て、②つま先を少し右に向けて踵を持ち上げながら右膝も少し持ち上げて、③立ち足の膝を少し曲げて安定な位置で立ちます。そうすると、上体が立ち足のつま先方向に左回転し、正面を向いた状態で踵が下がり安定するはずです。「イチ」、「ニッ」、「サン」と口に出して言いながらフォームを作ってみてください。何回かやってみて、③のフォームが確認できたら、そのフォームを「イチニッサン」と早口で言って一瞬で作ってください。そのフォームが前と同じだったら完成です。

（3）インパクト時のフォームからのボール押し出し

　このフォームができたら、その姿勢で立ち、前にボールを置いて、そのボールを前に押し出します（**図Ⅱ-1-9**）。しかし、この時に右足を使ってはいけません。重心を少しだけ下に移動しながら左膝を曲げます。そうすると、身体全体が沈み込みながら少し後ろ回転して、右足が前にるはずです。そして、その動きによってボールが押し出されます。蹴るのではなく押し出すのです。「膝を曲げたらボールが押し出された」の方が正しい表現かも知れません。立ち膝を曲げると、バランスをとるために自然と蹴り足が前に出ます。立ち膝を曲げながら、蹴り足を地面と平行に前に出すイメージです。

　これは、押し出しの感覚を身につけるための練習、つまり、キックの時のボールインパクトから後の部分だけを取り出した練習です。この時は、蹴り足をインパクト時の形にして内踝がボールに触れるように立ちます。その姿勢を確認してから、立ち膝を曲げるとボールが前に転がっていきます。ゆっくりと、しかし、スムーズな連続動作でボールを押し出すことが重要であり、押し出されたボールの動きは気にしないでください。この時、押し出し終わっても片足で

気をつけ！　　　小指立て　　　踵持ち上げ　　安定して立つ

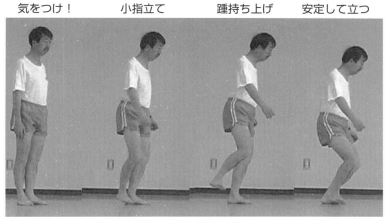

図Ⅱ-1-8　構えを作る

「気をつけ」の時、右足のつま先を右に向けていて身体はやや右を向いており、左膝を曲げて安定して立つ（構える）と体幹は左を向いて正面を向く。

図Ⅱ-1-9　立ち膝曲げでボールを押し出す

左のようにボールに接して構え、動作としては左膝を曲げるだけ。足指がぶれて映っている画面は、足が動いていることを示す。

立っていることが大切です。片足で最後まで立つことによって、必然的に立ち膝が曲がり、上体が後ろに回転します。立ち膝を曲げろと強調すると、上体が必要以上に後傾して、かえって全体がおかしくなります。

　この練習は、2人が1m離れたところに立って行ってください。押し出されたボールがうまく転がらなくても相手に届くからです。それ以上離れると、立ち足の膝曲げでうまく押せなかった時に、相手に届かせようとして、蹴り足に

力を入れて無理に右足で押し出そうとしてしまうからです。うまく押し出せないのはフォームが悪いからではなく、動作がぎこちないために、膝曲げ動作中のバランス調整と重心移動がスムースに行えていないからです。繰り返し練習すれば、ゆっくりな動作ですので、すぐにスムースに行えるようになり、ボールもうまく転がります。

　ボールはゆっくり転がりますので、慣れてきたら、お互いに止めないで押し出し、連続して交互に押し出すようにします。これによって、ボールが真正面から外れて返ってきた時のサイドステップによる立ち位置調整の練習ができます。

（4）インパクト時のフォームでの膝の曲げ伸ばしキック

　この膝曲げ押し出しがスムースにできるようになったら、インパクト時のフォームで、立ち膝の曲げ伸ばしを繰り返します（**図Ⅱ-1-10**）。このときに、左膝の曲げ伸ばし以外に何もしないことが大切です。女子学生は何も知らないので、言われた通りにやりますが、男子学生や女子サッカー部の経験者は、これがキックのための予備動作だとわかりますので、どうしても何か別の筋肉も使いたくなるようです。このままでは足を強く振れませんので、足を振る動作を入れたがるのだと思います。

　立ち足の膝を曲げて蹴り足を固定したフォームを作って膝の曲げ伸ばしをすれば、蹴り足が自然に前後に動くはずです。動かない人は、どこかに余分な力が入っています。蹴り足は大腿を少し上げておく筋肉と足首を右に向けて固定するための前脛骨筋等以外は使っていないので、立ち足を上下する時に重心を少し前後させるだけで内踝が前後に 10cm ぐらい動くはずです。うまくいかない場合は、膝を伸ばして立ち上がる時に少し上体を前かがみにすれば、蹴り足が後方に動きます。

　この動作がスムースにできたら、ボールに内踝を接したボール押し出しの開始状態から、同じように立ち足の膝の曲げ伸ばしをしてみます（**図Ⅱ-1-11**）。スムースにできれば、曲げた時にボールがポンとはじけて飛ぶはずです。うまくいかなかったら、ボールを少し横に離しておいて膝の曲げ伸ばしを何回かやって、その記憶が消えないうちに、もう一度ボールの横に立って曲げ伸ば

構え　　　　伸び　　　　沈み

図Ⅱ-1-10　基本的な構えからの膝の曲げ伸ばし

立ち足の膝の曲げ伸ばしだけで蹴り足が回転し、右に示したように、ボールがあれば「立ち膝の曲げ伸ばしによる上下動」だけでボールを蹴ることができる。

構え　　伸び上がり　　　　　　沈み込み

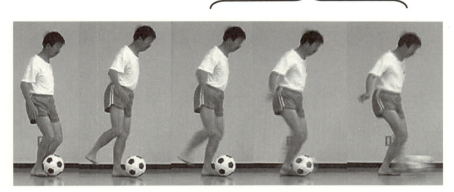

図Ⅱ-1-11　伸び上がり沈み込みでボールを蹴る

画面のぶれているところは、動きが速いことを示す。

しをしてみてください。動作がスムースであれば、思いがけないスピードでボールが飛ぶはずです。

　この膝の曲げ伸ばし動作を大きく素早く行うと、それだけで写真のようにかなりのスピードボールが蹴れます。蹴るという感覚ではなく、踝の内側で缶けりをしている（突っつく）感覚になることが重要です。逆に、遅いボールを蹴

りたければ、動作をゆっくりにすればいいのです。

　このように、立ち膝の動きで上体の上下動のスピードを変えることで、ボールスピードをコントロールします。にもかかわらず、多くの人は、強く蹴るためには蹴り足の振り回しスピードを速くしなければいけないという先入観があるので、蹴り足を振り回そうとして、上下動による位置エネルギーをうまく使えなくしてしまいます。高く伸び上がることで大きな位置エネルギーを確保し、素早く沈み込むことで大きな運動エネルギーに変換できるのです。

（5）伸び上がるために一歩踏み込んでから沈み込むキック

　立ち膝の曲げ伸ばしでスムースに蹴れるようになったら、はじめの膝伸ばしの替わりに歩くように踏み込んで同じことをしてみます。なぜ「歩くように」するかというと、歩く動作でも、まず左足を踏み込んだ時は腰が下がり、右足で後ろの地面を蹴ると腰が前方移動するとともに少し腰が上がるというように、一歩のうちに重心は常に上下しているからです。

　そして、歩いて踏み込むと、蹴り足は地面を蹴っているので、腰の上死点、つまり前のメニューでもっとも伸び上がっている時に、その場での伸び上がりよりも大きいバックスイングをとったことになり、同じようなスピードで沈み込んでも、蹴り足のインパクト時にはより速いスピードで足がボールに当たることになります。

　この練習は、3段階に分けて行います。まずは、**図Ⅱ-1-12**の上のように、ボールがあるとイメージしてその真横に立ち足を置き（①）、次に、その足に全体重をかけて立ち上がります（②）。この時、蹴り足はつま先を外に向けて固定していなければなりません。そして、前の課題と同じようなフォームで安定して立っていること確認してから、蹴り足の力を抜かないようにしてその場での沈み込みを行います（③）。これが、図の①②③に相当します。これを、「イチ」「ニィッ」「サン」と声に出しながら行うのが第1段階です。

　この練習を少しやったら、第2段階として、①と②を一緒にして、踏み込んで立ち上がるまでを1つの動作として行います。これは、「イチニッ」「サン」と声を出して3動作で行います。この第2段階でも、②の時点で静止し、安定して立っている感覚を確認してください。

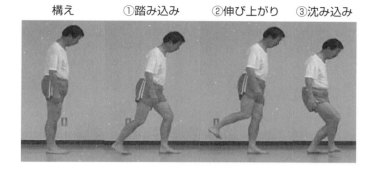

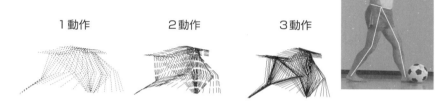

図Ⅱ-1-12　1歩踏み込んでボールを蹴るフォーム
右端のフォームは図Ⅱ-1-8の右端と同じであることに注意。下は、動作のスティックピクチャー（本文参照）。

　そして、「イチニイッ」の後ですぐにバランスが取れるようになったら、第3段階として、②で静止することなく、ちょっとだけ休んですぐに沈みこんで下さい。思いがけない速いボールが飛んでいくはずです。この時は、「踏み込みこんでー」「沈み込み」という言葉がけで行ってください。「ニイッ」のところで、少し力を抜いて休む感じです。その理由は、②で静止すると腰の前方への移動も止まってしまいますが、力を抜いて休むだけだと脚の諸関節は固定されず腰の前方移動は続いていますので、その動きとの合力でボールが飛ばされるからです。この時、「動作を休む感覚」ではなく「脱力」にしてしまうと、右足首を曲げている前脛骨筋の緊張もなくなってしまい、足首が伸びてしまいますので注意してください。

　これでキックは完成です。図の下に示したスティックピクチャーで、各段階の身体の動きを確認して下さい。第1、第2段階の動作の静止部分では身体全

体の横移動がほとんどなくなるので、線が詰まって濃く示されていますが、「静止」ではなく」「休み」を入れた第3段階のフォームでは、腰下全体がスムースに右に移動していることがわかると思います。

　この段階では、踏み込む位置をボールの真横にすることと、蹴った後に立ち足だけで立っていることが重要です。初心者はどうしても踏み込みが浅くなります。「足をボールの真横に」という場合、ボールの参照点はボールの中心と理解できますが、「足」の参照点はどこでしょうか。何か慣れない作業をする場合は、目で見ながら作業しますので、目で簡単に参照できる「足」の位置はつま先です。私は、そのような理由からつま先をボールの中心の真横に置きにいこうとするので、立ち足の踏み込みが浅くなるのではないかと考えています。そこで、踏み込みの浅い学生には「土踏まずをボールの横に置くように」と説明しなおすことにしています。

　蹴った後に蹴り足を地面につけないように指導する理由は、足をつかないことで腰の前方移動が止められ、その移動エネルギーが股関節中心の回転エネルギーに転換できるということと、立ち足がつま先を外に向けて固定しているかどうかを本人も確認できるようにするためです。上達すると走り抜けるキックでより強いボールを蹴ることもできますし、足首の固定は、理論的にはインパクトの瞬間だけ維持できていればいいのですが、基本的なフォームの確認には、この2つの要素が重要だからです。

　なお、第1段階はあまり長く練習すると踏み込みで止まる癖がつくので、要領がわかったらすぐに第2段階に進んでください。ただし、第2段階の安定して立ってから沈み込む練習は、やり過ぎるぐらいやってください。その理由は、後の練習段階で説明します。

　ここまでくれば、蹴るフォームは一応の完成です。しかし、はじめのうちは、この練習を3mぐらいの距離でゆっくり歩くようなスピードで行ってください。このメニューはフォームの完成を目指しているので強く蹴る必要はなく、ここで2人の距離を伸ばすと、強く蹴ろうとしてフォームが乱れてしまうからです。サッカーがうまくなろうとするのであれば、退屈でも、この練習を繰り返して行ってください。特に、振り回す癖を直したい人は、インサイドキックに関するこれ以外の練習はしないこと。前にも言いましたが、遠くへ蹴ろうと

するとどうしても蹴り足に不要な力を入れる傾向が出てきてしまい、フォームが乱れるからです。私は、サッカー部の練習で、2人の距離を1mにして、「常にその場ジョギングしていて、なるべく遅いボールを蹴るように。遅いボールを蹴った方が勝ち」と言ってやらせています。

（6）3歩助走のキック

ボールの目前に立ち、立ち足をボールの横に踏み込んで「蹴る動作を開始する」キックに慣れたら、ボールの1m後方、30cm横に立って「蹴る動作を開始する」3歩の助走でのキックに移りましょう（**図Ⅱ-1-13**）。でもまずは、目に映る動きが2歩の動作で行います。右足で蹴る場合、両足を揃えて立ち、足踏みして左足で地面を踏んで右足をそっと前に出して左足をボールの真横に踏み込むのです。実際の3歩のキックは最初の左足も前に踏み出すのですが、ここからはじめるとどうしても立ち足の位置がボールの後方になってしまう人が多いので、立ち足までの最後の1歩の距離を確認しやすい両足立ちの練習からはじめます。その意味を十分理解してほしいと思います。

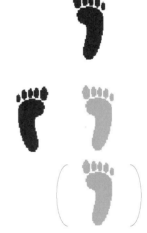

図Ⅱ-1-13　3歩助走のキック
普通は括弧の位置から始めるが、初心者は両足をそろえた位置から始める方が踏み込み位置が正確になる。

この練習で肝心なところは、立ち足を置く時に身体全体（身体の重心）をなるべく水平にスライドさせて移動させることです。ジャンプして入ってはいけません。つまり、地面を最後に蹴る右足（蹴り足）は、走るよりも大股で歩く感覚です。そして、その右足を後ろに残したままで腰を前にもっていけば、必然的にバックスイング状態になります。蹴り

足を残したままでの重心の前方移動によってバックスイング状態を作るのです。ジャンプしてしまうと、腰の前方への移動が止められるとともに、後方への蹴り足の残しもできなくなってしまいます。その他の注意は、前のメニューと同じです。大きく踏み込むので身体の前方への動きは速くなりますが、それを立ち足の筋肉を使ってバランスよく受け止めて立った後で、腰を沈み込ませます。これが「蹴った」ことになりますが、その後はやはり蹴り足のつま先を横に向けた状態で立ち足だけで立っていられるようにします。

この練習の2人の距離は、3mからはじめて、5m、10mと伸ばしていきます。ただし、それ以上離れて練習しないこと。離れすぎると強く蹴ろうとする気持ちが強くなりフォームが乱れます。また、静止ボールを遠くまで蹴る時は、インステップキックの方が効果的ですから、静止ボールをインサイドキックで20mも30mも遠くへ蹴る練習はあまり実用的ではありません。

4 インサイドキック学習上の問題点

私は、この章の前半で説明したインサイドキックに関する身体的制約と長年の経験から、指導通りに蹴れない初心者に2つのタイプがあることを指摘してきました。(『新しいスポーツ心理学入門』p.137)。最近の画像の方が鮮明なので、その画像を**図Ⅱ-1-14**に示しました。意図的にシャッタースピードを遅くしているため、左のインパクト時の画像では足がぶれていますが、右のフォロースルーの最後は完全な静止画像です。この図から、インパクト時の足の動きがどのように収束するかが理解できます。1つは、原理のところで指摘したように、右脚全体を振り回すフォーム（つま先回し）で、横から撮影すると、最後のフォロースルーの画像に右足の甲と外踝が写っていて、つま先を回したことがわかります。もう1つは、スイングの途中で膝を伸ばすフォーム（膝伸ばし）で、最後のフォロースルーの画像で右膝が伸びきって靴底が写っています。その後、幼児の運動観察実験をする機会があり、インサイドで蹴る時のフォームを観察したところ、やはり、この2つのタイプが大半であることがわかりました。後者は、前にも述べたように「キック」という動作が缶けりのような膝伸

つま先回し

膝伸ばし

踵押し出し

図Ⅱ-1-14　良い例（下）と悪い例2態

サッカーの最終試験で5回連続して蹴った時のフォーム。下の2つは、良いフォームと間違ったフォームが混在していた学生の例。蹴った後のフォロースルーの上死点の映像から、足をどう動かしたかがわかる。

ばしを自然に意識させるため、インパクト後に膝を伸ばす運動プログラムを無意識に作ってしまうのではないかと考えています。この写真のように、初心者はフォームが安定しないので、少し油断すると悪い癖が出てきます。それがこ

のようなフォームになるということは、無意識に足を振り回して蹴ろうとするとこうなるのが普通だということを意味しており、指導者として知っておくべき事柄と思われます。

ところで、初心者を指導する時の最初の問題は、身体を横に向けてしまうことです。はじめに説明したように、足首の内側は立ったままでは横を向いており、右足の踝で蹴るということを考えると、普通は左方向がイメージされるので、どうしても、ボールを蹴る方向に左肩を向けたくなります。図Ⅱ-1-14の上の写真の女子学生も、ボール横に踏み込んではいるのですが、下の男子と違い上体が斜めを向いています。そして、もう１つの理由は、両足のなす角度が直角にならないため、無意識に腰を回して不足分を補おうとするからです。これが直らないと強いインサイドキックは蹴れません。そういう癖がつかないようにするのが、パートナーの靴底にボールを置いて蹴る練習です（図Ⅱ-1-15）。これは、基本練習３(4)の膝の曲げ伸ばしをパートナーを座らせて行うものです。立ち膝をリズミカルに曲げ伸ばしして、内踝で「ポンポン」とボールを突っつきます。この練習の良い点は、座っているパートナーがボールにかかる力を感じられるので、力の大きさと力がかかる方向を蹴る人に伝えることができる点です。

この課題を行う時の注意点は、蹴り足の前脛骨筋に力を入れてつま先を外に向けて足首を固定すること以外は、余分な力を入れずに片足立ちして、立ち足の膝の曲げ伸ばしをリズミカルに行うことです。動作の途中で膝伸ばし動作が入ると力の方向が右にずれるので、パートナーが間違いを指摘することができます。この方法は、次のインステップキックでも使えますが、インサイドキックの場合は、ボールを置かなくてもできるので、自宅で家族を相手に復習することも可能です。

この時、図にあるように、右手を伸ばして行うと、癖の有無がわかります。蹴り足を振ると図の下のように右手が外にもっていかれます。こうなる人は、まっすぐ前を見て、手が右に動かずまっすぐに下がるように、ゆっくりと立ち足の膝を曲げてみてください。正しい膝曲げの感覚がわかるはずです。それでも直らない人は、パートナーの代わりに体育館の壁際にボールを置き、両手を広げて伸ばし、壁にはいつくばって同じ膝の曲げ伸ばしをしてみてください。

繰り返す

図Ⅱ-1-15　靴底にボール置いた練習（蹴り足を振っているかどうかのチェック）
下の選手はインパクト時に右手が開く。

　左右の骨盤と壁の間隔が同じままで縮まっていくかどうかを見ながら行うと、腰が回まわるのを意識できるので欠点がわかるはずです。
　また、壁で腰の回転が抑制されるので、矯正練習にもなります。詳しいやり方は、インサイドキックのみを説明した筆者の著書（『インサイドキック基本編』）をご覧ください。
　インサイドキックがシュート以外に用いる場合も多いので、スピードコントロールは大切です。後で詳しく説明しますが、これまでの説明から、踏み込む歩幅を大きくすればバックスイングが大きくなり、膝曲げの強さを変えなくてもボールスピードが速くなることが想像できると思います。強く蹴る時は、蹴

り足のスイングが速くなりますが、強く振るのではなく、踏み込む動作を大きく速くして、ボールを強く押し出すのです。その違いがわからないと、インサイドキックは卒業できないことを十分に理解しておいてください。

　私の大学の部員でも、強く蹴ろうとすると蹴り足に力を入れて振り回す昔の癖が出てしまう選手が多いです。そうすると、キックする面がまっすぐに移動しないのでキックの正確さがなくなります。あまりインサイドキックに慣れないうちにいいフォームを身につけるようにしてください。そうしないと、後からなかなか直せなくなります。

　このことを理解して、先ほどの悪いフォームを再考してみると、普通の状態で「蹴る」という言葉が持つイメージが、大腿から足全体を振り回したり膝をすばやく伸ばしたりするイメージだということがわかります。そのために、型が完成する前に強く蹴ろうとすると、それまでやってきた押し出すフォームが崩れてしまうのです。

　つまり、インサイドキックの学習上の問題点は、まったくやったことのない動作を行う時、どれだけ自分で持っている「蹴る」イメージではなく「押し出す」イメージと結びつけられるかの問題になります。指導の場合は「インサイドキックで蹴る」と使っていますが、それは、技術が完成された場合の動作イメージであり、初心者が練習する時は、「いかにうまく押し出せるか」を目標に練習すべきです。実際、技術が完成しても、緩いボールをタッチラインぎりぎりに出して、後ろからオーバーラップした選手にセンタリングさせるような場合は、押し出す感覚になることがあります。また、英語の指導書を見たところ、インサイドキックの代わりに「プッシュパス（push pass）」と表現している本に出会ったことがあります。インサイドキックはパスで多用されますが、シュートでも使われますので、私は、インサイドキックの代わりに「インサイドプッシュ」とするべきではないかと思っています。これは、言葉が行動を規制してしまうからです。より詳しい解説は、拙著（『新しいスポーツ心理学入門』）をご覧ください。

　以上の説明からわかると思いますが、私のインサイドキックの授業では「蹴るな、絶対に蹴るつもりになるな」と指導しています。しかし、はじめからインサイドキックで蹴ると指導されているサッカー部員を指導した経験では、変

な癖がついていてなかなか矯正できない選手が多いです。また、直そうという気持ちが起きない選手も少なくありません。サッカーのキックの練習に来ているのに、「蹴るな、蹴るな」と言われるのですから、頭が混乱しても当然かも知れません。また、意識して反復練習し緩いボールは正しいフォームで蹴れるようになっても、少し強く蹴らせるともとに戻ってしまうケースが大部分です。インサイドキックは本当はインサイドプッシュであること、そしてそれが、あなたの、あるいは人間の常識に逆らった真実であることがインサイドキックの難しさであることを頭にいれて練習して下さい。そういう目的意識がないと、いつまでたってもインサイドキックは進歩しません。ジーコがゆるいボールを蹴らせる練習を課したというスポーツ新聞の記事を見たことがありますが、同じ意味だったのかも知れません。

　慣れてきたら、踝の内側で軽く缶けりをするつもりになって蹴ってみてください。踝でチョンと突っつく感覚ができれば、もう完成です。立ち膝の曲げ伸ばしの動作制御は、まず、動作休止によって腰がほんの少し前方に落下し、ある時点で力を入れなおして腰の落下を受け止めることによって成り立ちます。落下を受け止めると、その時から落下によって生じた運動エネルギーが腰の回転エネルギーに代わり、蹴り足の内踝がボールを突っつくことになります。

　それでも、この感覚がミニゲームや狭いスペースでの球まわしに使えるようになるまでには反復練習が必要ですから、練習のはじめにウォーミングアップを兼ねて行うボール蹴り練習の時に、膝曲げで蹴る感覚、そして、思った方向に蹴れたかどうかを意識して練習しなければいけません。

5　動くボールのキック

　これまでの練習は、もっとも簡単な静止ボールのキックでしたが、ここからは、実際のゲームに現れる状況に近い動くボールのキック練習です。最初のうちは、ボールを押し出す感覚を忘れないようにして、正確に蹴ることのみを目標として練習してください。

　はじめは一方の選手が手で正確にころがしてあげて、相手の選手がそのボー

膝を曲げた構え　　　　　伸び上がり開始

沈み込み開始　　インパクト　　そのまま立つ

図Ⅱ-1-16　動くボールのキックの習得方法

ルをジャストミートして軽くはじく（蹴る）練習からはじめます。2人の距離は1mです。ボールを持った人は、相手の蹴り足の前に正確に転がるように、両手をボールの上に添えて前方回転をつけて転がします。そうすれば、まっすぐ転がり、ボールの転がるコースを予測して左右に移動するというもう1つの余分な動作を意識せずに、ジャストミートのために沈み込むタイミングの学習に専心できるからです。

　感覚をつかむために、まず、前項3(4)の膝の曲げ伸ばし動作を使って沈み込みのタイミングを覚えます（**図Ⅱ-1-16**）。これは、**図Ⅱ-1-10**と同じ曲げ伸ばしを動いているボールに対して行うことです。沈み込むタイミングがボールによって決められてしまうこと以外はまったく同じですので、沈み込む

タイミングにだけ注意を払いましょう。ボールが転がり始めたらゆっくり膝を伸ばし始め、ちょっと待ってからタイミングよく沈み込みます。

この課題の練習の最初に、私は、「早めに伸び上がっていったん静止してから沈み込んで、沈み込みのタイミングを覚えること、そして、慣れたらその待ち時間を短くするように」と指導しています。また、初心者にはタイミングが早すぎる人が多いので、彼らには「ボールがお尻の下にきたら、遅すぎるぐらいのタイミングで沈み込むように」と指示しています。

はじめに伸び上がって静止を入れて蹴るように指導する理由は、伸び上がって少し待つ感覚を身につけることにあります。少し待つ（静止ボールのキックで説明したように「少しだけ動作途中で休む」の方が正しい表現かも知れません）ことによって、ボールが障害物に当たって予想よりも遅く到達した時に、タイミング調整ができるようになります。

前にも指摘したように、この曲げ伸ばし動作は、蹴り終わるまでの蹴り足の足首の固定と立ち足の膝の曲げ伸ばしだけですので、安定して構えられれば、動作としては、片足立ちでの膝屈伸と同じです。ですから、片足で立ったままで10回連続して蹴れるようになることを目標にさせています。足を振る意識のある人は蹴り足に何らかの力を加えてしまうので、バランスが崩れて、蹴った後に蹴り足を地面につけてしまいます。ですから、この課題をやらせることが、フォームの修正にもなります。

沈み込みのタイミングが呑み込めたら、構えを作って待つのではなく、両足で立った姿勢から、立ち足を踏み込んで伸び上がって沈み込みます。初心者の中には、ボールが出される前からその場で蹴り足を上げて構える人もでてきますが、ボールが近づいてから構えるように指導して下さい。そして、それにも慣れたら、ジョギングしてボールを待ち、ボールがきたら、その場で伸び上がり沈み込みを行います。前の課題で片足立ちのままでキックを続けられた人は伸び上がりの安定性を獲得しているので、何の苦労もなくできるはずです。ちょっとだけ沈み込めば、ボールを軽くはじけます。

それができたら、少し2人の間隔を延ばして、静止ボールを1歩踏み込んで蹴るキックとまったく同じ動作で蹴ります。前の課題をやった後ですので、フォームは静止ボールの時と同じ伸び上がり沈み込みですが、唯一違うところ

は、静止ボールの場合は、キックの準備（運動プログラムの用意）にいくら時間をかけてもよかったのですが、動くボールの場合は、相手が転がすボールの到達時間を予測してその時間にちょうどよく沈み込まなければならないので、運動プログラムの用意に時間的制約がかかるということです。ですから、静止ボールのキックである程度フォームが固まる（運動プログラムが簡単に用意できるようになる）までは、この課題に入らないで下さい。

　静止ボールのキックの時にも指摘しましたが、立ち足を踏み込んだ後で、足首を曲げ固定しておくための前頸骨筋以外の筋肉を脱力して小休止してためを作ることが重要です。その理由を以下に説明します。

　手でボールを投げる時は、テイクバックした手をすぐには戻さないで、上体を前に移動しながらためを作って投げます。これは、専門的には筋肉の弾性エネルギーを使うことです。簡単に言えば、バネの原理ですね。投げ釣りを考えてみればもっとよくわかるでしょう。投げ釣りでは、おもりを後ろにもっていって、しばらく時間をおいて、釣り竿がしなるまで待ってから、前に投げる動作を開始しないと飛びません。同じように、キックでも、バックスイングして脱力すれば、膝下の部分は釣り竿のおもりと同じように後ろに持ち上がろうとします。これは、物理学でいう慣性の働きです。下肢という複合物体は、股関節周りの筋肉というバネに邪魔されるまで、後ろ上方に動き続けるのです。その足が筋肉に邪魔されて静止した後で、前へのスイングを開始すれば、小さい力でスイングできます。後方での休止を待たずに前へのスイングを開始すると、蹴るための筋力発揮の一部分が下肢の後ろへの動きを止めるために使われ、効率が悪くなります。

　蹴る（沈み込む）タイミングをとるために、はじめは、意識して早めに踏み込んでバックスイングをとった状態で意識的に静止時間をとり、動くボールへの沈み込みタイミングを確認してから前へのスイング（沈み込み）を開始してもいいです。1回のキックで動作開始の意識を2回持つことになり、動作としてはぎこちなくなりますが、静止状態が入らないキックを続けるよりもずっと賢いやり方です。繰り返し練習してしているうちに、すぐに動作がスムーズになりますので、そこで、「静止」を「休止」に換えると、するどいフォアスイングになるはずです。

この転がるボールのキックの練習を始めると、立ち足の位置がボールから遠くなる欠点が目についてきます。足の位置が遠くなるのは、静止ボールのキックのところでも指摘したように、ボールの真横という感覚が視覚的なため、ボールの手前側と立ち足のつま先を合わせようとする意識が働くことのほかに、早く蹴ろうと焦ることが原因としてあげられます。初心者を観察していると、ボールスピードを過大評価して早く蹴ろうとしてしまう傾向があります。動くボールを見ただけで速度なんか考えもせず「早く蹴らなくっちゃ」と思うのでしょう。

前に書いたように、「おしりの真下にきたボールを蹴る意識を持て」、あるいは、「自分で遅すぎるぐらいのタイミングで蹴ってみるとちょうどよい」と指導していますが、それ以外にも、そういう学生に対して、特にゆるいボールを出させて蹴らせるメニューを入れることがあります。私が横で「まだ、まだ、まだ、はい」と言って蹴らせるのですが、ほとんどの学生は、私が「はい」と言う前に蹴ってしまいます。そして、必ず「そんなに遅くていいんですか？」と不思議そうな顔をします。それでも、いいタイミングで蹴れて力を入れずに速い球が蹴れると、やっと納得して、タイミングを遅らすことができるようになります。前に説明したように、バックスイング後に脱力静止時期があるキックを覚えれば、その静止時間を調節することにより、キックのタイミングは簡単につかめるようになるものです。

読者の中にも、完全フリーの自分に来た手ごろなスピードのボールを待ちきれず、決定的瞬間にぽてぽてシュートで終わったり左へ大きく外した（右利きの場合）経験のある方も多いでしょう。焦らずにバックスイングの終わりのところでボールを待ってから、前方へのスイングを開始するように心がけてください。びっくりするほど速いボールが蹴れるはずです。インステップキックの場合も原理は同じです。インステップキックの場合は、待ちきれないでスイングをすると、高く上がってしまうでしょう。

強く蹴ろうとすると、初心者でなくとも動作がどうしても速くなりがちであり、インパクトのタイミングも早くなってしまいます。強く蹴る前に、正確に低い球が連続して蹴れるような練習をすべきなのです。新聞によると、ジーコが日本の練習は間違っているという批判を行っていたようです。全力で蹴るこ

とよりも、その9割のスピードで10回ともゴールに入るシュートを蹴れるスピードで始めて、段々速く蹴れるようにすべきなのに、正確さの練習がおろそかになっているという意味のことを書いていました。10回に1回ゴールに入る速いシュートではなく毎回枠を捉えるシュートを自慢すべきなのです。サッカーではありませんが、テニスの研究によると、試合中のストロークのボールスピードは、各選手の最高スピードの8割前後だそうです。

　近づくボールに対して、普通に蹴る時と同じタイミングで強いキックを開始すると立ち足のかなり前方でインパクトすることになり、かえって弱いボールになります。強く蹴るためには、ボールが立ち足の真下にあることが重要だからです。

　また、横を向いて蹴る癖も直しましょう。参考に女子学生にテストとして課した壁へのキックのVTRを示します（図Ⅱ-1-17）。テスト課題では静止ボールを5回連続して蹴るのですので1回目は静止ボールを、2回目以降は動いているボールを蹴ったことになります。その2回目から4回目までのフォーム変化がこれです。これを見ると、体幹が徐々に横向きになっていることが分かります。走ってきてこのフォームで蹴ると明らかに左方向に蹴ってしまいますので、早めに修正しましょう。

　転がるボールを正確に返せるようになってきたら、相手に意地悪ボールを出してもらって蹴る練習をしてみましょう。これは、相手が正面ではなく、少し左右にずれた位置に転がす練習です。そうすると、蹴る方はサイドステップで左右に動いてそこから踏み込んで蹴ることになります。その時の注意点は、踏み込む時に、相手につま先を向けて踏み込むことです。正確に返せるということは、つま先と蹴り足が90度になっていることですので必ずつま先の方向に飛ぶということです。ですから、サイドステップで移動して踏み込んだ方向が相手の正面でなかった時は踏み込んだ足のつま先方向にボールが飛んでしまうことになります。そのため、身体が相手に正対していない場合は、踏み込む時に、つま先の方向を微調整して投げてくれた相手の正面につま先を向けなければなりません。逆に言うと、これがゲーム中に正確に蹴る時に意識しなければならない注意点です。なぜなら、試合中は正対して蹴るだけの時間的余裕が常にあるわけではありませんし、蹴る方向に常に正対していたのでは蹴る方向を

① ② ③ ④

図Ⅱ-1-17 初心者が連続して蹴った時のフォーム変化

連続して蹴ると徐々に①の踏み込み時の体幹が横向きとなり、③のインパクト時も横向きとなる。ただし、④のフォロースルーを見ると、踵の押し出しは下の方ができているので、蹴る方向への正対と踵の押し出しの両方に気が回らないのかも知れない。

読まれてしまうからです。

6 キック方向のコントロール

　ところで、ここまでの指導は、最後の練習を除いて、ボールに対して近づいた方向にそのまま踏み込んで蹴ることばかりが想定されていました。これが基本ではありますが、実際の試合では「ボールに近づいたら相手が真正面から邪魔しにきたのでダイレクトで90度左の味方選手に対して蹴る必要が生じた」というような場合がほとんどです。この場合は、ボールに接近して立ち足を踏み込む方向と違う方向へのキックが要求されます。

　そこで、まっすぐ入って正面でない方向へ蹴る技術を習得する必要が生じます。その練習方法は、前述の最後の練習パターンとほぼ同じです。ただし、重要な違いがありますので、よく練習方法を理解しておいてください。

　そこでまずは、静止ボールで練習しましょう。しかし、その前に、この練習の原理を理解しておきましょう。まずは1歩助走で蹴るのですが、蹴る方向は踏み込む方向と違いますので、立ち足を蹴るべき方向に向けて着地して蹴ることになります。そうすると、フォームが完成している選手であれば、立ち足と直角の方向に蹴り足が向いているので、立ち足の方向にボールは飛んで行き、めでたしめでたしとなるはずです。

　ところが実際に初心者にやらせてみると、かなりインサイドキックがうまくなったと思える人でも失敗します。フォームがくずれてしまい、蹴り足を横なぐりに回す動作になってしまうのです。これでは、蹴る方向はよくてもぼてぼてボールとなってしまい強い球が蹴れません。横なぐりになるのは、左足で踏み込んで右足で左に蹴ろうとすると、右足の踝は左を向いているので、そのまま左にスイングしたくなるからです。これは、初心者に振り回しキックの癖がつきやすいのと同じ理由です。

　インサイドキックの力は、前に述べたように腰の沈み込みと腰の関節を中心とした矢状面での脚の回転によって与えられますので、インパクトの時点までには腰が回転して蹴る方向に向いていなければいけません。基本練習の時には、自然に前に踏み込んで立ち上がりましたが、別方向に蹴るので、蹴る方向につま先を向けて踏み込んで立ち上がります。その原理を**図Ⅱ-1-18**に示しました。この図を見ればわかるように、踏み込んだ時は腰が前（この図では奥の方

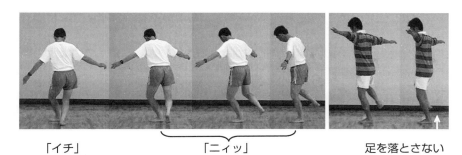

「イチ」　　　　　　　「ニィッ」　　　　　　足を落とさない

図Ⅱ-1-18　つま先を左に向けての踏み込み

つま先を左に向けて踏み込むこと以外は図Ⅱ-1-12の基本動作と同じようにして立ち上がると体幹が左を向く。この時、蹴り足を後ろに残すこと。右のように蹴り足を下ろすとキックできない。

向）を向いていますが、踏ん張って立ち上がると、腰が左方向を向いていて、蹴る方向に回転していることがわかります。立ち上がることによって上体がつま先の方向を向くのです。つまり、上体と足のねじれが解消されています。

　これは、スキーの回転の原理と同じです。スキーの斜滑降ではスキー板と上体が常にじれた状態になっており、板の上で伸び上がって抜重してねじりを解消すると、スキーの摩擦抵抗がなくなりますので、軽いスキー板（したがってつま先）が重い上体の方向に向きます。サッカーの場合は、地面をつかんでいる靴は動きませんので、伸び上がった時に、図にあるような回転力が働いて上体がつま先方向に回転します。伸び上がり静止を入れないで蹴ると、この立ち上がり回転期に振りおろしが開始されて上体の捻れの戻りがなくなってしまい、上体がつま先方向まで十分に回転せず、横なぐりに蹴るしかなくなります。

　そこでまずは、基本練習の時と同じように静止ボールで練習します（**図Ⅱ-1-19**）。立ち足のつま先を蹴る方向に向けて踏み込み、立ち上がって捻れが戻るまで足を後ろへ上げたままで静止して、捻れの戻りを確認してから立ち膝を曲げて沈み込みます。基本練習の時と同じに、「①踏み込み②伸び上がり③沈み込み」と言葉に出しながら練習すると上達が早いです。立ち足を踏み込む①の時にインサイドキックの蹴り足のような足首の形を作って土踏まずの反対側から着地して踏み込むとうまくつま先を左に向けられます。また、②の伸び上がりの時に、伸び上がっているのに上体の回転が感じられないのは基本練習

「イチ」　　「ニィッ」　　　　「サン」

図Ⅱ-1-19　踏み込んで90度左へのキック

はじめは、「ニィッ」できちんと体幹が回転したことを確認してから、「サン」と沈み込むこと。

の時と違って身体全体に力が入っているためですので、蹴る方向はあまり意識しないで、力を抜いて左足の真上に立ち上がることだけを意識して練習してください。前段では「伸び上がり静止」と表現しましたが、「伸び上がり休止」というのが正しい表現です。身体の動きを静止しようとすると体幹に力が入るので、力を抜いて片足で休む感覚が大切です。

　基本練習のメニューと同じように、慣れたらその静止時間を短くすればよいのです。上達した後は、心持ち動作を休む程度の意識で十分に蹴ることができるようになります。この捻りが戻る感覚はインステップキックでも同じですので、十分に練習しておくとよいでしょう。

　曲がりなりにも身体を回転して蹴る方向を向いて沈み込むことができるようになれば、後は練習によって動作をスムースにするだけですので繰り返し練習してください。それができれば、実際の場面に近づけるため、3歩助走のキック、ボールに対して数歩歩いて行って左45度に蹴る練習、ジョギングで走って行って左に蹴る練習と、度を上げていってください。動くボールを蹴る場合は、静止ボールの場合と同じように時間的制約があるだけですので、すぐに上達できると思います。

　なお、より詳しい説明を希望される方は、巻末で紹介している拙著『インサイドキック基本編』をお読みください。個々のメニューをすべて分解写真で紹介していますのでより深く理解できると思います。

第2節 ▶ インステップキック

1 インステップキックの力学

　インステップキックについては、第1章で少し説明しました。また、前節でインサイドキックの原理も学びましたので、このインステップキックの原理は簡単に理解できますね。インステップキックは関節の自然の動きである下肢の振り（膝伸ばし）という単純動作ですから野球ゲームのバットにたとえることができました。しかし、どこがバットの中心かは理解しておく必要があります。バイオメカニクスという分野での動作分析的研究によると、その中心は膝だそうです。私も、大学時代に、後にJリーグ理事も務めた浅見俊雄監督が「膝下でコンパクトに振れ」と指示してくれたのを覚えています。その時、とても新鮮に感じた記憶がありますが、膝を中心としたコンパクトな振りが重要です。

　インステップキックは、腰・膝・足首の3つの関節が関与した一平面での動きですから、簡単にモデルを作って考えることができます（**図Ⅱ-2-1**）。サッカーの指導書には足首をまっすぐに固定して足の甲で蹴ると書いてありますから、蹴る瞬間には一番下の足首の関節が固定されているはずです。では、膝の関節はどうでしょうか。第1章では、静止物体に物がぶつかる時は、質量（重さ）の重いものがぶつかった方が静止物体に与える力は大きく、静止物体が動き出す初速も速いと習ったはずです。そうすると、膝の関節も固定した方がよいかも知れません。

　このことを理論と実験から2人の学者が研究しました。その結果を示したのが、**図Ⅱ-2-2**です。この図の横軸は足のスイングスピード、縦軸が蹴った後のボールスピードです。図に右上がりの直線が引いてありますが、これは、物理で習う力学の式から導きだした理論値です。平均的な人間の足の長さと重さが同じ物体が一端を回転の中心としてボールに当たったとすると、理論的にはどのようなスピードのボールになるかを計算したものです。足首も自由に動く

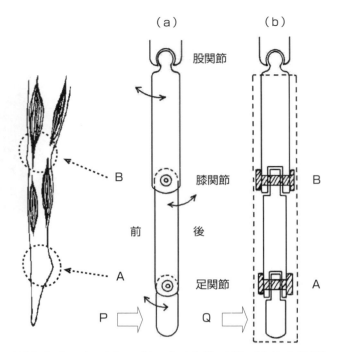

図Ⅱ-2-1 インステップキックの力学モデル（小林：1978）
実際の脚との対応関係は筆者追加。点線の四角で囲った部分をすべて固定すれば、もっとも重い物体としてぶつかるので、ぶつかるスピードが同じならばもっとも速く飛ぶ。しかし、現実問題として、膝関節を固定しては素早いスイングができない。

状態でぶつかると、同じスピードでも足首から下の重量のエネルギーだけが伝えられるので、ボールスピードは遅いですが、黒丸の初心者もそれよりは速いボールを蹴っています。その理由の1つは、足首の関節自体はそれほど自由には動けないので自然にある程度は固定されてしまうと考えられます。

一方、白丸で示した熟練者のボールスピードは、足首を固定して膝下を自由にした場合の理論値（2）と似ています。このことは、熟練者は足首を上手に固定しているということを示すとともに、熟練者でも膝まで固定して腿の動きでボールを蹴るという動作は行っていないことを示しています。膝を固定して腿から足を振れば、大きなものを振ってボールにぶつけることにはなりますが、今度は、振るスピードが遅すぎて速いボールが蹴れないのでしょう。

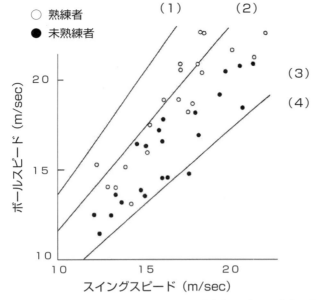

図Ⅱ-2-2　インステップキックにおけるスイング速度とボール速度の関係（戸狩の図に小林追加：1973）

(1)～(3) の線は腰，膝，足首の関節より下を固定して蹴った時の理論的計算値。
①○が上にあるのは、熟練者の方が同じスイングでも強く蹴れることを意味する。
②熟練者の値は、足首を固定した膝下スイングの理論値に近い。

2 インステップキック学習上の問題点

　インステップキックは関節の使い方が自然なので、それさえわかればすぐに上達しそうです。しかし、そうはいきません。自然に蹴る方法はすでに身についていますが、前述したように、学習してしまった動作を変更することは簡単ではないからです。

　それでは、インステップキックの学習以前に学習している蹴る動作とはなんでしょうか。それは缶けりや石けりです。普通はこれらの動作の場合、膝は自然に伸ばしますが、足首は曲げてつま先で蹴ります。ですから、缶けりの運動スキーマをそのまま使ってインステップキックの運動プログラムを作ることはできません。また、膝の自然な曲げ伸ばしという動きは、走ったり歩いたりす

図Ⅱ-2-3　幼児のキック3態
左がスイング開始、右がスイング終わり。下は、良い児童の2年後のフォーム。

る時にも生じます。それ以外にも、膝の自然な伸ばしを使った動作はたくさんあります。**図Ⅱ-2-3**に幼児のフォームを示しました。上がバックスイングの

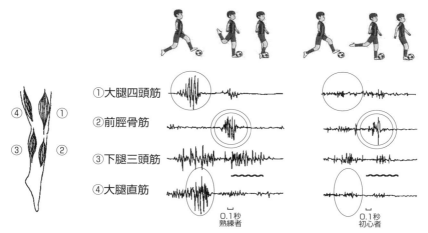

図Ⅱ-2-4　インステップキックの筋電図

左の熟練者はバックスイング時に膝を大きく曲げ、インパクト時には二重丸で示したふくらはぎの筋肉に力を入れて足首を伸ばす。

ない未熟なキック、2番目が足首を曲げたキック、3番目が理想的なキックです。ところが、2年後に継続調査をしたところ、この幼児も、最下段に示したように足首が曲がったキックになりました。この時の調査ではほぼ全児童がこの蹴り方に移行しており、素早い膝伸ばしキック動作で足首が曲がってしまうのは、人間にとって自然な動きのようです。

　図Ⅱ-2-4は、熟練者と初心者のインステップキックの筋電図を記録したものですが、やはり、熟練者にも膝を伸ばす時に、二重丸で示したように不必要と思われる前脛骨筋の放電がみられました。彼に片足立ちさせてインステップキックのスイングだけをやらせてみましたが、やはり前脛骨筋の筋放電は同じように現れました。彼は上手な選手なのでもちろん足首を曲げたトウキックをしているわけではありません。足首を伸ばしたまま蹴れる理由は、図に波線で示したように、足首を伸ばす筋肉である下腿三頭筋にも大きな放電がみられ、それが足首を曲げる働きをする前脛骨筋の放電が終わった後も持続していることです。また、キックの前の膝曲げにも、楕円で示したように大きな筋力が発揮されていました。力の入れ具合を右の初心者と比較してよく理解してください。

初心者のインステップキックに使われる運動スキーマは、第1章で述べたように缶けりスキーマであると思われますが、膝を自然に伸ばすという部分動作の発揮には、生得的な神経回路が用いられている（大腿四頭筋と前脛骨筋の両方を刺激する遺伝的に決まっている神経回路を用いて行うという意味）のかも知れません

図Ⅱ-2-2 は、スイングスピードが同じでも熟練者は速いボールが蹴れることをも示しています。その理由は「足首の固定」にあります。では、どうすれば足首が固定できるのでしょうか。

インサイドキックの場合は足首の関節の動く方向と直角の方向からボールが当たるので、「足首の固定」の意味は、インパクトでの押し出しの時に、つま先を立ててインサイド（内踝）の平面を確保するためでした。一方、インステップキックでは、足首の関節の動く方向と同じ方向にボールが当たるので、インパクト時にその関節が曲げられるとそれだけエネルギーがロスして跳ね返るボールの速度が遅くなります。ボールが当たっても曲がらないように力を入れる筋肉は前脛骨筋ですが、このちっぽけな筋肉では、重いボールを支えきれません。そこで、足をもっとも伸ばした状態で固定する方がよいことになります。幸い、伸ばしきっても、足の甲は弁慶のなきどころとほぼ同じ直線上なので、膝をボールの真上に持ってきて膝下をまっすぐな棒に見立てて振れば、ボールはまっすぐ飛んでくれます。足首の伸ばしが十分でないと、インパクト時に関節が曲がってしまうので注意してください。

膝を伸ばすための大腿四頭筋の活動と足首を前に曲げる前脛骨筋の活動が連動すると考えると、インステップキックのこつは、前脛骨筋の脱力を意識することではなく、足首を伸ばすことに使われるふくらはぎ（下腿三頭筋）に力を入れ続けることにあると思われます。しかしながら、前にも述べたように、筋肉に力を入れるという意識は持ちにくいので、別の意識を持つ必要があります。私は「靴の中の指を曲げて指先の腹の部分で靴底を押さえるようにしろ」と指導することにしています。膝を伸ばす途中で靴底を押さえる感覚がなくならないようにと注意しています。

初心者にやらせてみればすぐわかることですが、片足で立って足首を伸ばした状態から「自由に膝を振ってみなさい」というと、すぐに足首が返ってしま

図Ⅱ-2-5　インステップキックのフォーム作り
①腿上げ（普通にしていると足首が曲がる）
②-③足首伸ばし　④膝曲げ　⑤-⑥膝伸ばし

います。「膝の自由な振り」という命令が、前頸骨筋の緊張（収縮命令）と下腿三頭筋の弛緩（収縮停止命令）を伴うためのようです。

3　キックに先立つ予備練習

　以上のことを踏まえて、まずは足首を曲げないで振る練習をしてみます（**図Ⅱ-2-5**）。片足で立って、蹴り足の腿を水平まで上げて、膝を最大限にまげて、足首を伸ばしたフォームを作ります。「腿上げ、足首伸ばし、膝曲げ」と言いながら構えてください。この時、蹴り足の親指で靴底を押さえている感覚があることを確認してください。そして、親指の感覚が抜けないようにして、ゆっくり足を伸ばします。自然に任せて無意識に膝を伸ばすと、膝伸ばし命令に足首を曲げる命令（前頸骨筋に収縮命令が出て、足指の腹での靴底の押えの感覚がなくなる）が含まれていますので、靴底の感覚がなくならないように注意しながらゆっくり伸ばします。授業では、半分ほどの学生がこの練習の1回目につま先を曲げてしまいます。途中で靴底の押えの感覚がなくなりそうになってあわてて靴底を押さえ直す学生もいます。何回か繰り返して、靴底を押さえる感覚がなくならず安定してきたら、「腿上げ、足首伸ばし、膝曲げ」ではなく、これらの動作を一続きにして、「ボールが来た、構え」と言葉に出して、一動作で構えを作りゆっくり伸ばします。それができたら、少しずつ振るスピード

をあげて、軽く振れるようになるまで繰り返します。

　構えて素早く振っても足首が伸びたままにできることを確認したら、構えたままで何回か連続して振ってみます。その間、靴底を押さえる感覚がなくならなければ、次節の練習に入ります。

　はじめにこのような部分練習を導入する理由は、これまで述べてきたように、人間は、新しい動作をやってみる場合に、関連する（自分で関連すると思っている）動作の運動スキーマをもとにとりあえずの運動プログラムを作ってまずやってみるという過程を経ますので、部分練習が学習初期にこの「とりあえずのプログラム実行」がうまくできるようなヒントとなると考えられるからです。したがって、初心者が本当に有効なヒントを得ようとするならば、この予備的な部分練習をしているのだという意識を持つとともに、この部分練習の後にインステップキックでボールを蹴る時には、このヒントを参考にして考えながら蹴らなければいけないと自覚することです。

　そして、一度蹴ってみたら、どうだったか、どこが悪かったかを反省してみなければなりません。靴底を押さえる感覚が抜けないようにというヒントがあるのですから、スイングのどこでその感覚が抜けたのかという反省ができるはずです。

４　静止ボールのインステップキック

　インステップキックの動作の特性の理解と練習上の心構えがわかったと思いますので、次に、ヒントとなるような部分練習から静止ボールを正しく蹴れるようになるまでの練習メニューを説明することにします。

（1）長座姿勢でのキック

　まずは向かいあって長座姿勢で座って蹴ってみましょう（**図Ⅱ-2-6**）。間隔は5mでいいです。図の左のようにボールを手で持って、膝を曲げて足首を伸ばして構え、図の真ん中のようにボールを軽く投げ上げます。そして、右のようにボールを足の甲（靴紐の結び目あたり）で軽く突っつくようにします。突っ

図Ⅱ-2-6　座ってのキック

足首の伸ばしたままで蹴ること。

つく方向は、上ではなく、お尻の下方向を意識するとよいです。実際、腰と大腿からみれば、ボールは斜め下前方に飛びます。

　蹴り終わっても自分の足を見ていてください。蹴り終わった時に足首が曲がっていればやり直しです。

(2) 横座りからのキック

　次に、横座りしてゴロベースボールのように転がしてもらったボールを蹴ってみます。(図Ⅱ-2-7)。この時も、膝下の振りだけで蹴る感覚を掴むのが目的です。腰を床につけて斜め座りし、足首を伸ばして膝を曲げて構えます。この時、蹴り足の踝・膝・腰が作る三角形が水平になっていることを確認してください。そして、ボールを転がしてもらって蹴ります。この時、構えた腿は動かさずに、膝下だけを振ることが注意点です。

　そして、これができたら、その構えたところへボールを軽く投げてもらい空中でジャストミートします。それこそ、足の甲で缶けりをするように、チョコンと突っつけばいいのです。足首をふらふらさせないのが注意点です。また、これは動いてくるボールを蹴りますので、インサイドキックの時と同様に、蹴り急いでインパクトが前にならないように注意してください。

(3) 立ってのキック

　インパクトの感じが分かったら、立ってキックしてみましょう。

　まずは、キックの最終局面だけをやってみます。腿を振る動作を入れないで膝下だけを振る感覚を覚えるために図Ⅱ-2-8右のAのように膝に手を置い

図Ⅱ-2-7　転がりボールのキック

右の例のように、腿から振り回さないこと。

て構え、膝下だけを振ってみます。何回かこの姿勢でやってみて、あまり意識しなくても蹴り足の足首が最後まで曲がらなければ合格です。

　次は、ボールの真横に立ち足を置いて、膝を曲げて構えます。この時、腿のバックスイングはとらずに、まずは、つま先を地面につけたままで蹴り足の足首を伸ばします。そうすると、膝が少しもち上がるはずです。この姿勢から膝を完全に曲げて構えます。それが、図の上の②のフォームです。この時の膝下の感覚が予備練習で膝を曲げた構えた時と同じことを確認して、膝下を軽く振り抜いてください。足首の曲げ動作が入らなければ、ボールがはじけて相手に飛んでいくはずです。動作の声かけは「足首伸ばし、膝曲げ」と言って構え、一呼吸して「膝伸ばし」とします。言葉に出すと動作が制御しやすいのですが、言葉に出すと恥ずかしい人は心の中でつぶやきながら動作してください。この時、言葉にはない腿振りをしてしまう人は、前のA・Bに戻って復習してから

図Ⅱ-2-8 静止ボールのキックまでの経緯

右のＡ、Ｂが予備練習。
上が、その場での膝下振りキック。腿を振り回す癖がある人は、右のように膝を押さえてスイングさせる練習をすること。
下が、1歩の踏み込みを入れたキック。①から④が同じフェーズ。

再度挑戦しましょう。

　インサイドキックのところでも言葉に出して練習することを提案しましたが、こころの中で発する言葉を内言といいます。正しい動作を示す言葉を内言で発しながら動作することにはメリットがあります。これは、逆の状態を考えて見れば理解できると思います。目の前飛んできたテニスボールを素早く手で掴みにいく時に「手を開け」と言いながら取りにいったらどうでしょうか。動作がぎこちなくなります。そう考えると、正しい動作を言葉にしながら練習することに意味のあることがわかると思います。

　ちょっと講釈が長くなりましたが、これができたら、第2段階である、ボールの少し後ろに立って、ボールの真横に立ち足を踏み込んで構えて蹴る練習に移ります。「踏み込み」「膝曲げ」で構え、構えたフォームを確認したら、「スイング」と言って蹴ります。

そして、これもできたら、もう少し後ろに立って、1歩踏み込んで構える練習に移ります。前の練習では、3動作の内言でしたが、今度は「踏み込んで構え（図下の①から②）」「スイング（同②から④）」の2動作でのキックです。この段階までは、必ず、構えのフォーム（図下の②）を確認してからスイングするようにしてください。

この最後の練習は、もう、キックの最終形になっています。私は、この練習に慣れたら、前に述べたように、足の甲で缶けりする感じに蹴ってみなさいと言うようにしています。その方が、膝下のするどい振りが膝を伸ばしたままでできるようになるようです。

また、これまでの座っての練習が、腿からのバックスイングをとらせないための練習であることも理解しておいてください。その練習で**図Ⅱ-2-7**右にあるように腿のバックスイングをしてしまう人は、その前の長座姿勢で蹴る時に違和感を感じたはずですので、**図Ⅱ-2-8**右にある膝を押さえた練習を繰り返してその癖を直してください。

（4）静止ボールのキック

前段階までの練習では、まずは、ボールの真横に立ち足を置く「踏み込み」と「膝曲げ」を別々に確認し、次に、「踏み込み・膝曲げ」と一気に動作して構えのフォームを確認してからスイングしました。構えのフォームが安定してきたら、踏み込んだ後に、静止してフォームを確認しながら、ちょっと休みを入れるだけのスイングに移行しましょう。この「静止から休止へ」は、インサイドキックの時と同じです。静止しないで力を抜いて休むだけなので、腰の前方移動は持続します。そのため、踏み込みを大きくすると腰の移動が大きく速くなりますから、同じスイングをしたつもりでも、ボールのスピードが速くなります。この原理もインサイドキックと同じです。この段階になれば、キックは完成です。

1歩踏み込んでのキックに慣れたら、次は、3歩助走のキックです。これも、足の動きはインサイドキックと同じです。ボールの1m後方、30cm横に立って右足で蹴る場合、この場所で足踏みして左足で体重を支えて右足を斜め前に出します。そして、右足で体重を支えて腰をスライドさせるように水平に移動さ

せて、左の立ち足をボール横に踏み込みます。ジャンプせずにスライドステップで左足を着地させれば、そのまま左足がバックスイングの状態になりますので、心持ち休止時間を入れて膝下を振り下ろせば、まっすぐボールが飛ぶはずです。

1歩踏み込んでのキックまでの練習では蹴り足の膝を曲げることでバックスイングを行ってきましたが、これからは、蹴り足が地面を蹴ることで膝下のバックスイング状態を作ることになります。体重を前に移動させた後、立ち足に力を入れてちょっぴり休止し、蹴り足の力を抜いて膝下の振り出し（重力による下肢の下降開始）を待つことだけで、バックスイングを作り出すのです。蹴り足を後ろへ振り上げる力を加える必要はありません。**図Ⅱ-2-9** に示した大きく踏み込んでのキックが完成型ですが、この3歩助走のキックの時から大きくスライドすることを意識して行うようにしましょう。足の運びはインサイドキック（**図Ⅱ-1-13**）と同じですが、踏み込んで構えて、ほんの少し休止してから膝下の力を一気に解放してボールにぶつける意識で蹴ってください。

助走スピードを生かすために、慣れてきたら前に走り抜けるように蹴ってみましょう。そうすれば、強く蹴らずともかなりのスピードボールが蹴れます。インパクトの時に棒立ちにならないように、立ち足の膝の力を緩めにして蹴ることが大切です。インサイドキックと同様に、立ち足の位置がボールから遠くなり過ぎないように、土踏まずをボールの横に置くように意識して踏み込みましょう。また、ゴールキックを蹴るように腿まで使った大きなバックスイング動作にしないことが重要です。十分に余裕があって蹴る場合はいいですが、混戦からのシュートや後で述べるボレーシュートの時に困ってしまいます。

5　インステップキック練習上の問題点

インステップキックは、膝の使い方が自然なので、インサイドキックに比べると習得しやすく、悪い癖もつきにくいです。しかし、地を這うようなボールを蹴るには、やはり、克服すべき問題がいくつかあります。

1つは、前にも指摘したように、足首を伸ばして蹴る時に不必要な前頚骨筋

図Ⅱ-2-9　大きく踏み込んでのキック（完成型）

③が前図の②に相当し、④が前図の③に相当するが、③から④までの動作に、前図では上体の前方移動がほとんどないが、この図では右腰と右膝が右に移動している。そのため、腰の前方移動に伴って蹴り膝がボールの真上まで移動してインパクトしている。

の放電が必ず生じるということです。思いっ切り蹴ろうと力むと、普段はなんとかうまく蹴れている選手でも膝の伸ばし（したがって、腿と脛の筋肉）にばかり注意がいって、足首を押さえるふくらはぎの力が抜けて足首が曲がった状態でのキックになってしまいます。「シュート！」と力めば力むほど、立ち膝の曲がりも少なくなり、ボールが高く上がってしまいます。

　また、腿の動きも重要です。ある本に、蹴る瞬間に蹴り足の腿を引き上げるようにするとうまく蹴れると書いてあったので試してみたら、ボールが浮き上がらないように結構うまく蹴れました。おそらく、大転子を中心とした大腿の回転を止めることになるので膝下だけの回転になりボールが水平に飛ぶのだと思います。ある意味では、これも内言の１つなのかも知れませんが、こういう体験を聞くことも上達には重要かも知れません。

　また、キックの力学から、インパクト時のスピードは、膝下のスイングスピードと腰の前移動のスピードの和であることがわかりますので、インパクトの瞬間に腰をボール方向に持っていくことも重要です。腰の前方移動はうまく意識できませんので、上体（胸）を蹴る方向に突き出す動作意識を持つといいと思います。後で、ボールを浮かす技術が出てきますが、「ボール方向に胸をかぶせるとライナー性のボール、胸をそのままにしていると浮き球」というように、普通のキックに慣れてきたら、ちょっと難しいですが、上半身の使い方でボー

ル方向をコントロールすることにトライしてください。

　さらに、注意点を１つあげておくと、インステップキックはインパクト面が小さいので、正確にインパクトするには熟練を要します。初めのうちは上下左右にミスすると思いますが、左右のミスはあまり気にしないでください。慣れてくれば中心に当たる確率が高まります。ただし、上下のミスは、悪いフォームの情報を与えてくれますので、気にしてください。つま先が曲がっていると、ボールが浮いたり横軸回転したりします。縦軸回転はインパクトの左右へのずれで生じますが、横軸回転はフォームの間違いかインパクトが早すぎる（前すぎる）ことで生じます。この情報を生かして賢く練習し、悪い癖がつかないようにしてください。

⑥　インステップキックの応用練習

（１）シュート

　インステップキックはインサイドキックと違って自然な動きである膝下のスイングを強くすると強い球が蹴れるので、強く蹴る練習を早めに開始してもよいでしょう。はじめは、少し助走してきてジャストミートして蹴ってみます。その後、少しずつ全体の動作を大きくするようにして蹴ってみてください。特に強く蹴ろうとしなくても、動作（特に踏み込み）を大きくしてスムースに蹴れれば、ボールスピードは速くなるはずです。足の蹴りだけを強くしようとするとフォームが崩れますので、はじめは動作全体を大きくしてみましょう。助走からキック動作にはいる時にジャンプしないことや蹴り足の膝を意図的に曲げないことは、インサイドキックと同じです。決して力んではいけません。この段階からは、２人で20mぐらい離れて蹴ります。相手が蹴る時はゴールキーパー役をやりましょう。強く蹴れるようになったら、２人の距離をだんだん延ばしていきます。

　力むとフォームがばらばらになるので、ばらばらになるようだったら中止して、基本練習をもう一度繰り返すことです。助走をつけたキックでは、動作開始時の走るフォームから蹴るフォームへの瞬間的な運動プログラム変更を意味

しますので、その変更が上手にできないと、蹴り足の膝を曲げて休止する時間がなくなり、足首も曲がってロケット弾になってしまいます。ちょっと強く蹴ろうとしたり（膝下を強く振る）、息張ったりしただけでフォームが乱れる人はフォームを完全に自分のものにしていない証拠です。完全に自分のものにしていないのですから、全体のバランスがばらばらなままで蹴ってしまったと感じた時は、短時間でいいから基本をはじめからやり直して、フォームを再確認してみてください。練習の初期にこのような注意を払って正しいフォームを自分のものにしないと、癖がついてしまい、後で直すのが大変になります。まだるっこしいと思っても、1つひとつあきずに確実にやってください。

　慣れてきたら、走り抜けるように蹴ってみましょう。同じ強さで蹴っても腰が入る分だけ、強いボールが蹴れるはずです。

　ところで、インサイドキックの説明で、英語でプッシュパスと表現した本があると紹介した時、インサイドキックをパス以外にも使うことがあるので不適切な使い方だと指摘しましたが、インサイドキックはシュートにも使われます。インサイドキックでも、シュートの時はやはり走り抜けるように蹴ります。腰を動かす原理は同じですので、よく覚えておいてください。

　さらに、もっと強く蹴るためには、少し斜めから助走して腰の縦の回転を使います。この練習に慣れると、強いボールを蹴るには、前に練習したまっすぐ走り込んで蹴る方法よりも、少し（30度ぐらい）横から入って身体を巻いて（縦回転させて）蹴った方がいいみたいだと感じる人もいるはずです。実際、強く蹴らせてどのように蹴ったかを調査したところ、**図Ⅱ-2-10** のような結果でした。

　まっすぐ走って蹴った時に、強く蹴れたけれど変な方向にいって相手が捕れなかった、という経験をした人もあるでしょう。それは、次の段階の練習で獲得するはずのこの技術でうまく蹴ったためなのです。つまり、相手にインステップキックで強く蹴ろうとすれば、30度ぐらい横から入って立ち足を30度外に向けて（結果的に蹴る相手に向く）蹴ればいいのです。それをまっすぐな助走でやってしまったものですから、相手が捕れなかったのです。右利きならば、ボールは相手の右側にそれたはずです。

　ただし、腰を回すことを意識しすぎると、膝下も回転してしまい、膝下の振

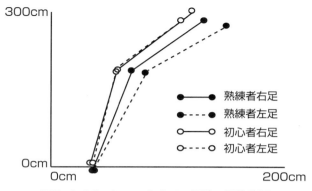

図Ⅱ-2-10　シュートまでの足跡の平均位置

左足は左右を逆転して表示してあるが、熟練者の方がボールに対して横から入っており、なおかつ、利き足でない左で蹴る時に、より左から踏み込んでいることがわかる。（0cmがボールの位置）

りがなくなり強いボールが蹴れません。はじめは、インサイドキックのところで強調した立ち足着地後の立ち上がりを意識してやってみましょう。はじめの静止ボールのキックの時に踏み込んで静止しないで蹴っていた人は、この段階で欠点が見えてきます。そんな時は、補助動作から繰り返し練習をやり直してみましょう。

(2) 動くボールのキック

　静止ボールで反復練習して、足首の伸ばしと膝下のスムーズな振りが体得できたら、動いたボールを蹴ってみましょう。まずは**図Ⅱ-2-8**上の②の構えで立ってボールを待ちます。相手は、1m離れて手で立ち足の横にボールを転がします。この練習方法は、インサイドキックの導入練習（**図Ⅱ-1-16**）と同じですので、注意事項も同じです。足首の伸ばしと膝の振り以外は何もせず蹴ります。膝下の振りだけで蹴れば重心もずれず、バランスよく片足で立ち続けられるので、10回連続して蹴ります。

　蹴り始めるタイミングがわかったら、相手から3m離れてジョギングしながら待ちます。そして、ボールが来たらその場に踏み込んで蹴ります。使用する内言は「踏み込んで構え、膝下スイング」ですので、ボールが遠くにあるうち

に踏み込みを開始しないと、「構え」で少し休むことができなくなります。インサイドキックの時にも注意しましたが、「早めに踏み込み、遅くに蹴る」意識を持ってください。

この次のメニューも、インサイドキックと同じ意地悪ボールのキックです。しかし、すでにインサイドキックを練習していますので、少し練習して、サイドステップで移動してから踏み込む動きを理解したら、ボールを出す人は、インサイドキックでゆるい球を正確に蹴る足の足元に蹴ってみましょう。球に合わせてジャストミートするのが、練習する側の課題です。インサイドキックで蹴る人は、インステップで蹴られたボールを足裏でストップさせて正確に返しましょう。ボールは適当に左右に乱れるので、1人はインステップキックの練習、1人はインサイドキックの復習ができます。

この練習の前に、次節に説明してあるインサイドでのトラップを練習しておけば、インサイドキック→ダイレクトのインステップキック→インサイドでのトラップ→インサイドキックと繰り返して、サッカーらしい練習ができます。上級者は、トラップを抜かして、ダイレクトのインサイドキックとインステップキックを繰り返してみましょう。インステップキックの人は蹴りやすいスピードのボールに対してジャストミートで蹴り、インサイドキックの人は蹴られたボールのスピードを殺して再び蹴りやすいようなスピードにして返します。これが10球も繰り返せれば、かなりのレベルです。ボールを出す方も蹴る方も足のみを使う練習の場合は、10mぐらいの距離が適当だと思います。タイミングよくミートすると、予想外に速い速度になるからです。

早くボールのコースを予測して蹴る位置を決め膝曲げ後のためをとること（膝曲げ後に体幹部分は脱力して安定静止するまで待ってから振り下ろしを開始すること）、蹴り急がないで膝下にボールを入れて蹴ることなどの注意点も、インサイドキックと同じです。

（3）キック方向のコントロール

これも、基本的にはインサイドキックと同じです。ボールに近づいてシュートする場合、敵もそのボールを狙っていますので、ゴール方向ではなく、ボール方向にまっすぐ走りながら、ボールはゴール方向に蹴るようになります。立

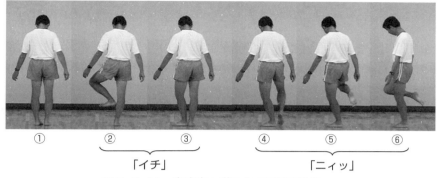

① ② ③ ④ ⑤ ⑥
「イチ」 「ニィッ」

図Ⅱ-2-11　左方向へ蹴るときの基本動作

②で左足をインサイドキックの型にして床に着き、右足をインステップキックの型に指導ながら立ち上がると、自然に左を向いたキックのフォームになる。この図の⑥は、図Ⅱ-2-8の②と同じフォームになるはず。

ち足を蹴る方向（ゴール）に向けること、伸び上がって身体の捻りを利用すること、バックスイングは走ってきた後方（かかと方向）ではなく回転の外側（外踝の方向）に向ける感じにすることなどは、インサイドキックと同じです。ただし、インサイドキックよりもやりやすいはずです。それでも、バックスイング終了後の静止期がないと腰の水平面での回転に連動した横なぐりキックになってしまい、膝下の振り下ろしの動きが利用できず、ボールスピードが出ません。

　ここでも、静止ボールを用い、つま先を捻れた位置に置いて立ち上がって静止し、捻れの解消を確認してから蹴る練習をして、正しい動作を理解してから、スムーズに蹴る練習に移ってほしいです。はじめは、**図Ⅱ-2-11**にあるように、つま先をボールに近寄る方向ではなく、立ち足の蹴る方向（この図では左方向）に向けて踏み込み、立ち上がって捻れが解消するまで待ち、その捻れが戻る感覚をきちんと確認してから膝下で蹴る練習をしましょう。「ニィッ」で立ち上がって静止して構えを確認してからスイングに移ることはインサイドキックと同じですので、インサイドキックの注意事項を確認してください。

　捻れが戻る動きを確認してから蹴ることが楽にできるようになって、踏み込んだ方向に蹴る基本キックと同じフォームであると確認できたら、90度違う

動作開始位置

図Ⅱ-2-12　踏み込んで左方向へのキック

①で踏み出し、真っ直ぐボールに向かい、②で立ち足のつま先を相手に向けて踏み込み、伸び上がると腰が回転して相手方向に向く。この状態から膝下を振り抜いて蹴る。はじめは、早めに踏み込んで構え、タイミングを見計らってインパクトすること。

　方向に蹴ることは希なので、60度ぐらいから踏み込んで、捻れを戻しながら少し休んで、スムースに蹴る練習をすべきでしょう。この時、蹴りながら上体を蹴る方向にかぶせる感じに動かすと、ボールが浮き上がりません。身体全体をボール方向に預ける感じです。これは、浮かないように強く蹴る場合には、どのキックにも通用する原理ですので、覚えておいてください。

　静止ボールでうまく蹴れたら、正面から転がってくるボールを60度左から入って蹴ってみましょう。球を出す方は5mほど離れて立ち、立っている相手の1m右に手でボールをゆっくり転がします。蹴る方は、ボールコースを確認したら、回り込まずにコース上に踏み込んで蹴ります（図Ⅱ-2-12）。太い白抜き矢印がアプローチの方向ですが、①で右足を踏み出した時は、ボールがこの図の位置よりも上の方にあることに注意してください。そして、②で着地した時もボールはまだ上で、踏み込んで立ち上がって構え、ボールがこの位置に

来た時に膝下を振ってインパクトします。

この段階では、強く蹴るのが目的ではなく、安定したフォームを作って膝下でジャストミートする感覚を養うのが目的ですので、力まずに振り抜くことだけを心がけて練習してください。膝下でボールを突っつく感じで十分です。

これに慣れたら、3人で一辺10mの三角形を作ってボールを回します。そうすると、蹴る役とボールを捕って転がす役を交互にこなすことになります。そして、手での捕球をインサイドキックに代えれば方向を変えるキックをインサイドとインステップで交互に行う練習になります。初心者のいない部活の基本練習は、このメニューから始めていいでしょう。

（4）インステップボレーキック

インステップを使ったキックの最後がインステップボレーです。これは、腿を少し上げて構え、ボールを膝下に呼び込んで、膝を動かさずに、これまでと同じように膝下の振りだけでジャストミートするキックです。膝下の動きはこれまでと同じで、空中のボールで抵抗も少ないので、特に強く蹴ろうとしなくても、地面のボールと同様にジャストミートすれば強い球が蹴れます。

最初の練習メニューは、図Ⅱ-2-5に示した腿を水平に挙げた構えからの膝下の振りの確認から始めます。確認できたら、その構え（図の④）を作ってボールを待ちます。相手は3mほど離れたところから、構えた足の甲を目指してボールを投げます。腿を動かさず膝下のみを使ったジャストミートでボールが相手の胸にライナーで返れば成功です。膝下だけで振れば立ったままで連続キックができるはずです。連続10回を目標にやってみてください。

後は、普通のインステップキックの時と同様に、ボールが投げられてから構えて蹴る、ジョギングしながら待って蹴ると、複雑にしていきます。強めに蹴っても宇宙開発にならずに相手が胸の位置でボールを捕ってくれれば合格です。なお、ボールを出す人は、蹴る人の膝あたりをめがけて、ライナー性のボールを出してください。山なりのボールの場合、実際のゲームでは、ボールにより近づいて、ヘディングか胸トラップで処理するからです。

導入練習のところでも注意しましたが、腿から大きく振ってバックスイングをとる癖のある人は、図Ⅱ-2-13にあるように、ボレーキックの時も腿を後

図Ⅱ-2-13 腿を振り回す癖がボレーに出た例
①で正しく構えても、蹴る前に腿のバックスイングをとる癖があると、②の動作が入りインパクトが遅くなる。

ろへ持ってきてしまいます。そうすると、次に腿を前に持ってくる必要があり、図にあるようにインパクトが遅くなります。よい場合と同じ位置であわててインパクトすると、今度は腰を中心とした回転力が生じるので、相手の頭を越えてしまいます。癖のある人は、**図Ⅱ-2-5**の予備練習を繰り返さないと、うまいボレーシュートを自分のものにはできません。

　膝の高さのボールで合格したら、少しずつ投げるボールを高くしましょう。腿のまん中ぐらいまでは、平気で返せなければいけません。この高いボールを蹴る練習は、腿を前に上げる姿勢を身につけるとともに、腿を後ろ（下）に振る癖をなくすための練習でもあります。構えてボールを待ち、膝を伸ばすタイミングがボールが膝下に来た時であるということも覚えてください。

　これができたら、ボールを横に腰の高さに投げてもらって蹴ってみましょう。これがインステップのサイドボレーです。この時は、蹴り足の外踝を天井に向け、腰・膝・足首で作る三角形が地面と平行になるように構えます（**図Ⅱ-2-14**①）。上体が立っていてはこのような構えが作れないので、上体を反対側に傾けて膝を見ながら構えます。この姿勢でバランスよく立つことが第1ですから、この姿勢で膝下だけを振る練習をしてみてください。何回振っても立っていられたら、構えている蹴り足の甲のところにボールを投げてもらって蹴ってみましょう。バランスよく立っていられて、膝下の蹴りを習得していれば簡単なはずです。うまくできない人は、**図Ⅱ-2-7**の練習に戻って、横座りして

① ② ③ ④

図Ⅱ-2-14 サイドボレーに出た振り回し例

①で正しく構えても、蹴る時に腿を振り回す癖があると、膝下を水平にスイングできなくなる。

　ゴロボールと空中ボールを蹴ってみてください。膝下に三角形を作って水平に振る感覚を確認できたら、図Ⅱ-2-14の①の構えからボールなしで膝下の振りを繰り返してください。

　膝下のスムーズな蹴りの時に別な部分に力が入っているとバランスを崩します。また、インステップキックの時に常に腿から振り回している人は、せっかく良い構えが作れても図Ⅱ-2-14のような腿振りになってしまいます。バランスが崩れてこのサイドボレーが蹴れないということは、膝下だけでの蹴りが十分上達していない証拠です。面子にこだわらずに、もう一度、インステップキックメニューのはじめからやり直した方がいいと思います。写真の選手もボールがないと膝下をうまく振れるのですが、ボールがあるとこのようなフォームになってしまいました。でも、繰り返し練習すると上手になりました。ですから、焦らずに基本を繰り返してください。

第3節 ▶ 状況に合わせたキックの応用

第2章 技術のトレーニング

1 全力で走り込んでの別方向へのキック

　内踝で蹴るインサイドキックと足の甲で蹴るインステップキックという基本的なキックの習得については、前節までに説明しました。これは、静止ボール、または、転がってくるグランダーのボールに対して、余裕を持って近づいて蹴る場合でした。したがって、インサイドキックでもインステップキックでも、踏み込む方向と違う方向に蹴る時は、蹴る方向につま先を向けて踏み込み、伸び上がって休み、上体の回転を待つ意識を持つことを強調しました。そして、立ち足で安定して立って休んだ後の沈み込み（インサイドキック）または膝下の振り（インステップキック）でキックが完成します。

　しかし、実際のゲームでは、相手よりも早くボールに近づいてプレーしなければならないので、ボールに向かって直線的に全力でダッシュすることが求められます。つまり、全力でボールに向かって走り、走る方向とは違う方向に蹴ることが要求されていると言えます。ところが、全力で走っていって踏み込み後に伸び上がれば、容易に想像できるように、上体が進行方向に倒れてしまうはずです。

　それでは、基本練習は無意味だったのでしょうか。

　そこで、ゲーム状況でのキックについて考えてみましょう。走って行って右足で左方向に蹴る状況を考えてみます。これまで説明してきたように、インサイドキックの場合は、立ち足と蹴り足を直角にして正確に蹴ることが要求されていますので、インパクト時に、立ち足のつま先が蹴る方向を向いている必要があり、蹴り足の内踝の向きと連動して上体もまたその方向に向いている必要があります。つまり、基本練習と同じように踏み込みからキックまでの上体が回転する必要があるのです。そうすれば、インパクト時のフォームが基本練習の時と同じなので、ボールは立ち足のつま先方向に正確に飛びます。

図Ⅱ-3-1 走り込んで左へ蹴る時のフォーム

上が、つま先を左に向けて踏み込んだ時の上体の回転。④の伸び上がりで回転が止まり、⑤の状態からそのまま壁を向いて右足が着地する。上の③の時点(下の②の時点)で膝を曲げて沈み込むと正面からのインサイドキックと同じように蹴れる。ただし、②(上の③)の後で伸び上がらず沈み込みだけなので、回転を止める力は生じず、⑤のように左を向いて動作が終了する。

　しかし、走ってきてその場で伸び上がろうとすると、勢いがついているので前方に倒れてしまいます。そのため、ある程度の速度以上でボールに近づいて蹴る時には、実は、伸び上がりでない方法で上体を回転させる必要があるのです。そのためにはどうすればいいのでしょうか。
　そこで、正解となる動作を図Ⅱ-3-1 示しました。上は、図の左から右に走り込んで立ち足のつま先を左方向(画面の奥方向)に向けて着地して、そのまま自然に任せた時の上体の回転を示し、下は、その途中でインサイドキックの足形を作り沈み込んで蹴る動作を示しました。上の図を、図Ⅱ-1-18に示した上体の回転と比較することで、回転の原理が深く理解できると思います。両

方とも、踏み込んだ後は、力を抜いて重心のバランスの維持だけを心がけた結果なのです。

　両方の比較からわかるように、基本練習では、伸び上がりながら力を抜いている時間に腰（上体）はほとんど水平移動しませんが、走り込んだ場合には、立ち足を踏み込んで力を抜いている間に、腰が走る方向に大きく水平移動します。しかし、上体の回転は、両動作とも、力を抜いている間の「つま先と腰の捻れの解消力」という同じ原理によって生じます。上体がボールの真上に来た時点では、踏み込みスピードに関係なく腰が立ち足のつま先と同じ左方向を向いていますので、走り込みキックでも、その時点で沈み込む（インステップキックの場合は膝下を振る）ことでインパクト時に同じフォームで蹴ることができます。すなわち、インパクト時点では基本的キックと同じフォームになるのです。

　ただし、上体が水平移動しない**図Ⅱ-1-18**の条件では、伸び上がりによる重心の偏りが修正されるまでいくらでも待ってから沈み込めましたが、走り込んだ場合は、沈み込みが遅くなると重心が走る方向（図の右側）にずれてしまい、うまく蹴れません。ですから、基本練習の時に、繰り返し練習して、素早く立ち上がってすぐに重心バランスがとれるようになる必要があったのです。

　ところで、この図にあるように、インパクト後も沈み込みに使う筋肉以外には力を入れていませんので、ボールを蹴らない上の図と同様に、上体は回転を続けて、蹴り足を着かずに動作が終わるので胸が進行方向と逆を向いて着地します。こうならない場合は、キックのどこかの時点で変に力を入れている証拠ですので、どこがおかしいのか考えながら練習してください。

　インステップキックについては取り立てて説明してきませんでしたが、膝を曲げた構えがインサイドキックと違うほかは同じですので、**図Ⅱ-2-11**にある「踏み込んでの構え」ができて自分でフォームを意識できれば、インサイドキックの練習メニューを自分でアレンジしてできるはずです。蹴り足の構えはインサイドキックよりも体軸に近いので上体の回転も楽にできるはずです。

② ボールを浮かせるキック

　これまでの練習メニューは、ほとんど、ボールが転がってくることを想定したキックですが、実際のゲームでは、転がすつもりのボールがバウンドしてきてしまったり、意図して間にいる選手の頭を越すボールがきたりします。ですから、浮き球への対応も必要になります。浮き球を止める技術は次節でまとめて説明しますので、この節では、ボールを浮かせることと浮いたボールを蹴ることの基本のみを少し説明します。

　少しだけ説明する理由は、浮かせる技術は千差万別で選手ごとに個性があり、一般論的な説明ができにくいからです。ただし、インサイドキックでもインステップキックでも、基本の練習の時に「駄目だ」と注意した、「腿からのバックスイング」を何らかの形で取り入れることが必要な技術もありますので、腿をどのようにバックスイングさせるとうまく飛ぶかを意識しながら練習してください。また、脚のどこに当たると飛ぶかも考えながら練習してください。

　まず、インサイドキックについてみてみますと、インパクトの瞬間に、私がよくないと説明した膝下の振りを入れることで少し浮かせることができます。膝下の振りと言っても基本で説明したフォームではインパクト時に膝がボールの上にあるので、少ししか浮きません。もっと高く蹴る場合は、斜に構えて脚全体を振り回して蹴ります。はじめに説明したように、インサイドキックのフォームで足を振ると踵を中心に回転するので、少し斜に構えないとスムースに振れず、高く飛びません。

　ただし、転がってきたボールをふわっと上げる場合は、ボールの下に足首を固定した内踝を膝を伸ばしながら潜り込ませるようにすると、うまく蹴れます（**図Ⅱ-3-2**）。この状況ではインステップキックも使えますが、インサイドキックの方が左右方向を正確に決めることができます。この場合は、バックスイングを取るのではなく、蹴り膝を下に伸ばして横向けにした足裏を楔を打ち込むように動かします。

　ところで、ブラジルでプロになった選手が書いた本の付録 DVD には、静止ボールを脚全体で振り回すフォームで浮かせる技術が紹介されていました。私もやってみてましたが、うまく蹴れませんでした。でも、やや斜めから踏み込

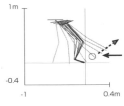

図Ⅱ-3-2　転がってくるボールをロブで返すフォーム

③から④にかけて、膝を伸ばして土踏まずをボールの下に差し込むみ、体重を前下方向に沈み込ませる感じ。④⑤で分かるように、このキックではボールに逆回転がかかるので、バックの背後で止まるようなパスを出すのに使われます。

んで内踝方向に振り回して蹴ることも慣れればできるかも知れません。インサイドキックのフォームをネットで検索すると、浮かせないキックもこのフォームで蹴る映像の方がはるかに多いです。また、前著の増補版で紹介したリトバルスキーのキックも、インサイドキックの変形と言えます（図Ⅱ-3-3）。

　ただし、ある程度以上の速さで動いているボールに対して、特に、自分もかなりの速さで近づいて蹴る場合は、基本のインサイドキックフォームで蹴る方が正確に蹴れますので、基本をマスターしてからチャレンジしてみてください。

　インステップキックも、踏み込んだ後、意図的に腿をバックスイングさせて腿からの振り回しを意識して蹴ると高く上がります。基本のインステップキックができていれば、やや浮いたライナー性のボールを蹴ることは簡単だと思いますので、高さを意識して蹴り分ける練習をしてみてください。PK練習で、地を這うボールとクロスバーを狙うボールを交互に蹴れれば、インステップキックは完璧でしょう。インステップキックによる高さコントロールの基本を図Ⅱ-3-4に示しますので、上体や膝の使い方を意識して練習してください。

3　浮いたボールのキック

　次に、ライナーで飛んできたボールのインサイドキックを考えてみます。ふわっと上がってきたボールに対しては、「ゲーム中はボールに対してなるべく

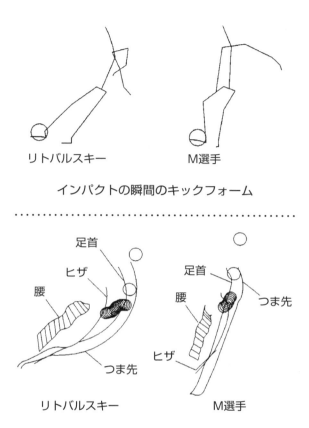

図Ⅱ-3-3　リトバルスキー選手と日本人選手のインサイドキックの違い（谷、1999）

早く近づく」という原則があるので、ボールの真下まで行ってヘディングするのが普通だからです。

　バウンドボールに対するインサイドキックの練習方法を図Ⅱ-3-5に示しました。相手に、足を振り回すインサイドキックでバウンドするボールを蹴ってもらい、こちらはボールを蹴らずに、腰を前方に移動させる「押し出し」で返します。図Ⅱ-1-10に示した、その場での膝の曲げ伸ばしの時と同じ構えを作りますが、その図と違って、飛んでくるボールに合わせて蹴り足の膝を上下

図Ⅱ-3-4　インステップキックの高さコントロール

基本のキックは、①で踏み込んだ後は足首の伸ばしと膝曲げ以外は自然の動きに任せて③で膝を伸ばす時に膝頭を前に持っていく意識で蹴る。ボールを浮かせる場合は、踏み込んだ①の時点から少し腿をバックスイングさせる。②の時点で腿の上方移動が自然に止まるので、腿の前方スイングを開始し、ほんの少し遅れて膝を伸ばせば右足全体が円運動してボールのインパクトする。そうすると、インパクト時の足の甲の力は斜め上方向になる。
矢印は腰と足首の力の方向なので、腰を前方に入れながら蹴れば、上では強いボールになることを、下ではボールが上に上がることを理解して蹴り方を工夫すること。

させて内踝の位置だけを変えます。高い時は蹴り足の膝を高く、低い時はあまり上げずに高さを調整して待ち、インパクトの瞬間に足は振らずに腰を前（ボール方向）に移動させます。腰を前に移動すればいいのですが、腰は立ち足と一体になって、腰を前に移動するためには膝を曲げないといけませんので、自然に前方に沈み込むことになります。そして、その分の位置エネルギーの減少が前への運動エネルギーに変換されてボールに当たりますので、意外なほど強いボールになります。なお、腿を上げると内踝の面は少し左を向きますので、写真にあるようにその分だけ上体を右に向けて立つことになります。

　ただし、目の前で上下にバウンドしているボールを、敵が来る前に早く蹴るためには、一工夫が必要です。なぜなら、ここで示した蹴り方は、ライナー性のボールを、反発係数を利用して跳ね返す蹴り方ですので、横方向の速度がな

図Ⅱ-3-5 ライナーボールへの対応

高さに合わせて膝を上下させてインパクトする。インパクト後の③で膝下が振られておらず、ボールが下向きに飛んでいることに注意。

いボールをこのフォームで蹴るとボテボテキックになってしまいます。また、バウンドする瞬間を狙って基本的な蹴り方で蹴ってもいいのですが、敵が近くにいれば、構えた前に入って蹴られてしまいます。

インステップのボレーはインステップキックとほぼ同じ動作ですので、前章で続けて紹介しましたが、インサイドの場合は、踵の押し出し方法が、基本のインサイドキックの時とは違う技術ですので、応用技術としてここで説明します。普通の押し出しキックとの違いを図Ⅱ-3-6に示しました。この踵回し動作はこれまでのキックとは少し違うので、意識して練習する必要があります。この蹴り方自体、もう1つのインサイドキックとして練習してみてください。この踵回しができたら、基本のインサイドキックの「伸び上がり沈み込み動作」と併用することで、大きく踏み込まなくても強いボールが蹴れます（図Ⅱ-3-7）。このキックは、相手に悟られることなくかなり強く蹴ることができます。密集地帯で素早く蹴る時に使えますので、静止ボールを蹴る技術の1つとして

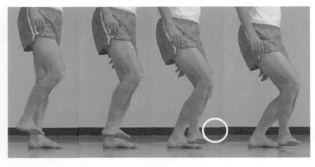

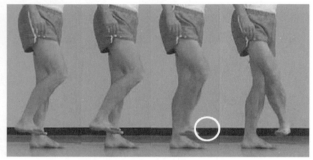

図Ⅱ-3-6　沈み込み押し出しと回転押し出し

下の回転押し出しは腰がほとんど上下していない。白い○のところにボールがあれば押し出されるのは同じ。

も覚えておいてください。

　この蹴り足の踵回しは、同時に右手の手首を背屈して右回転させるとうまくできます。相同器官である右足と右手に同じ動作をさせることになるので、右手の回転動作と連動して右足が回転する感じになるためだと思います。

　詳しいことは拙著（『インサイドキック応用編』）を読んでいただきたいと思いますが、このフォームを空中で行うことでインサイドボレーが完成します。**図Ⅱ-3-8**にフォームを示しましたが、このフォームは、腿が水平になるまで膝を上げますが、腿の回転は**図Ⅱ-3-7**の動きと同じです。まずは、このフォームで構えて踵を回転させてみて、動作が確認できたら、内踝めがけて投げてもらったボールを膝下まで呼び込んで膝下の踵回しで蹴る感じをつかみます。これもできたら、ジョギングしてボールを待ち、膝下に投げられたボールに対し

図Ⅱ-3-7　膝の曲げ伸ばしに踵回転で押し出したキック

①から②にかけて少しだけ伸び上がりながら、右足の踵を外上に向ける。③から⑤にかけてほんの少し沈み込みながら踝を回転させてインパクトする。⑥と⑦のボールの動きから、上半身はほぼ静止した状態でかなり速いボールが蹴られたことがわかる。

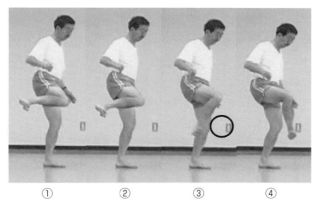

図Ⅱ-3-8　インサイドボレーのフォーム

この振りを確認したら、膝下めがけてボールを投げてもらって蹴る。〇のところでインパクトすれば、ボールは真っ直ぐ相手に飛ぶ。

て、この図の構えを作ってライナーで相手の胸に返します。はじめはジャストミートのボールを返しますが、慣れてきたら、少し思い切り蹴ってみてください。それでも相手の顔あたりにボールが飛べば合格です。力を入れた時に相手の頭を越えてしまう場合は、腿を振り回している証拠です。膝下にボールを呼び込んで踵の回転（実際は、膝を曲げた状態で腿を回転させることで踵が回転する）で蹴れば、強く蹴っても上には上がらないからです。

実は、前述した付属DVDでも、ボレーキックが紹介されていますが、低い弾道のキックの時に遅いボールになってしまっていました。振り回すインサイドキックでキックの高さを調整すると、低い弾道では遅いボールになってしまうようです。原理的には、低いボールを蹴る場合は、インパクト時点を遅くしてボールを呼び込んでから同じ速度で脚を振れば同じ強さのボールが蹴れるはずですが、打点を変えずに低いボールを蹴ろうとするのでボール速度が低下するのではないかと思います。踵回しで強いライナーが蹴れれば、蹴るボールの高さを調整することは簡単です。自分の腰の高さでバウンドしているボールを、ふわっと浮かせたい時は、悪いと言われる腿からの振り回しキックで、ライナーでシュートを狙う時は踵回しキックで、というようにプレーが選択できるはずです。そもそも、来たボールの高さが高い（膝より上の）時は、振り回すキックは使えません。ふわっと浮いたボールを正確に蹴るためには、踵回転で蹴るキックを覚えてください。

インステップボレーについては、インサイドキックの踵回しのようなボレー用の異なった動きがありませんので、基本練習のところで説明しました。インステップキックはインパクト面が狭いので正確さに欠けます。したがって、ライナー性のボールを余裕なく蹴る場合には、インサイドキックを用い、インステップキックを使うことまずありません。バウンドしてきたボールをシュートしたり遠くへ蹴る時に使うのが普通です。ですから、ここでは、浮き球を蹴る練習の基本メニューを2つだけ紹介しておきます（**図Ⅱ-3-9**）。

4 インフロントキック

フリーキックやコーナーキックで中央に蹴る時に多く使われるカーブして浮き上がるキックはインフロントキックと総称されていますが、実は、蹴り方が千差万別です。インステップキックでバックスイングをとって振り回せばボールが浮くと説明しましたが、女子の初心者にやらせると、なかなかうまく蹴れません。私もそんなにうまくないので、高校選手権出場経験のある高校で50人ほどの選手に、インフロントキックのコツについてアンケートをとったとこ

図Ⅱ-3-9　インステップボレーの基本練習メニュー

まずは、左のようにワンバウンドさせたボールを相手に蹴ります。それができたら、投げ上げたボールをバウンドさせずに蹴ります。バウンドさせたボールはボールの上に蹴り膝を置いて待つことができますが、投げ上げたボールは、膝を通過した後でその膝を前方に移動させて蹴らないといけないので、腰を前に移動させながら蹴る感じがつかめます。これもできたら、ボールをもっと前に投げ上げ、ワンバウンドさせて走り込んで蹴ると、走り込んでのボレーシュートの練習になります。

ろ、回答は千差万別でした。それでも、「ボールの下の方を蹴る」と言う回答が過半数の 32 名でした。ところが、「どういう指導を受けたか」への回答では、「差し込む」

		左		右
		横	やや離す	離す
前後	前	1	0	0
	横	3	6	7
	後ろ	16	13	10

表1　インフロントキックで踏み込む位置

と指導された者を含めてもボールの下を蹴るように指導された選手は 10 名のみでした。

　この事実は、インフロントキックの難しさを証明しているのかも知れません。そこで、インフロントキックで踏み込む位置を集計してみると、**表1**のような結果となりました。これは、ボールの真横に足形を置いた図を示し、もう 1 つの右のボールに対して、インフロントキックをする時の踏み込み位置を書き込むように指示したものです。このアンケートでは、さらに、文章で踏み込む位置を記述するように求めました。「ボールの近くでボールより前」という例外 1 人を除くと、この表から、インステップキックと同じ「ボールの真横に踏み込む」という選手ほとんどおらず、ボールの真横に踏み込む選手にはボールと

の間隔を開ける者が多く、より後ろに踏み込む選手にはボールに近い者とボールから遠い者が半々であることが読み取れます。この表を参考に試行錯誤して、反復練習で自分に合ったフォームを自力で獲得して欲しいと思います。なぜなら、「指導されたこと」への回答では、「立ち足を真横」と指導された選手が5名で、選手の回答に多かった「ボールより後ろに踏み込む」と指導された選手は1名しかなかったからです。

　この事実は、指導者の基本技術指導がいかにいい加減であるかを示しています。また、選手自身も、39名が後ろに踏み込むと回答しながら、自分の考えるコツで「後ろに踏み込む」と答えた選手は6名しかいませんでした。このことは、自分がボールより後ろに踏み込んでいることを「コツ」と意識していない（わかっていない）ことを示しています。したがって、今まで以上の基礎技術の習得には、これまで指摘してきたような、運動感覚の研ぎすましが重要です。

　ところで、インフロントキックは、インステップキックのように足首を完全に伸ばして靴底を押さえるのではなく、やや曲げたままで親指の付け根の上部あたりに当てて、腿からの振りで蹴ります。腿を振るためには、立ち足を踏み込んでから、必ず、腿のバックスイングを入れる必要があります。

　右足を地面から離して普通に立って、そのまま、思いっきり腿を振ってみてください。振りはじめても、すぐには力が入りません。しかし、その体勢から蹴り足の腿を少しバックスイングしてから振ると、力の入った素早いスイングができます。筋肉と骨は腱によってつながっており、筋肉が収縮を開始しても、しばらくはそのつながっている腱が伸びるだけで動作は生じません。前に指摘した投げ釣りのイメージです。

　また、立ち足をボールの真横から離して踏み込むので、必然的に腰が立ち足を中心とした縦軸のまわりに回転する動作となります。しかし、立ち足をボールから離して置いただけでは、インフロントキックにはなりません。インステップキックの時に蹴った球が浮き上がる原因を注意しましたが今度はそのダメなインステップキックをしてみましょう。つまり、足首を曲げたままで、膝をボールの上までかぶせないで蹴るのです。

　このキックは30度から45度ぐらい斜めから踏み込んで腰を回し込んで蹴る

のですから、その前に、斜めから入って腰の回転を使ったインステップキックができる必要があります。それを覚えたら、これに挑戦してみましょう。インステップキックに比べるとかなり上体を回して蹴っているようにみえますが、実際は、インステップキックと同様にねじる動作をするのではなく、つま先を斜めに向けた立ち足で踏んばって助走スピードを殺している間に身体の捻れが解消して回転力がつくだけです。ことさら腰をひねろうなどとしたらかえって失敗します。ふんばっている間に立ち足と上体の捻れが立ち足を中心に戻ってくるのです。バックスイングしている脚が進行方向にそのまま動いてくることも、回転動作を強める要因になります。右足で蹴る場合、ボールの左から助走し、基本的には、立ち足を蹴る方向に向けて踏み込みながら、同時に少しだけ腿のバックスイングを取ります。そうすると、立ち足の着地時にバックスイングはその頂点に達しているはずです。そこで、ほんの少しだけ力を抜いて休止しすると、腰が前に移動し、力を入れなくてもフォアスイングが開始されます。

　ところで、有名な中村俊輔選手のフリーキックは、インフロントキックというよりも、リトバルスキーのインサイドキックに近い動作の変形かも知れません。普通は腿をすぼめるのに使う内転筋群を腿の横振り回しに使うのですから、かなりの反復練習が必要だと思います。高校生へのアンケートでも、1人だけ、「インサイドキックをする感じで腰を回して足をこすり上げる」と回答した選手がいました。前に述べたような運動感覚に敏感になって反復練習すれば、上達は間違いなしです。したがって、指導者は選手がこの感覚に敏感になるように促すべきだと思います。

　このインフロントキックは空中に上がってからかなり曲がるので、相手をめがけて蹴ると必ず蹴り足と反対方向にずれてしまいます。はじめは、30度ぐらい外へ向かって蹴ってみてください。ほぼ相手に届くはずです。何もないところをめがけて蹴るのですから、目標がなくて大変ですが、自分がこのくらいの強さで蹴る時はこのくらい相手から離れた地点を狙えばいい、という精巧な運動プログラム作成能力を養うように、一球一球ずつ考えながら、第1章で説明した筋運動感覚に注意して練習してほしいです。

第4節 ▶ トラップとヘディング

1 ボールコントロールの力学

　飛んで来たボールを止めることをトラップまたはストップといいます。トラップは英語で罠にかけるという意味です。棒のような足や平面の胸でうまくボールを止めるのですから、初心者からみれば、罠にかけているようにみえるのかも知れません。

　このトラップは、ボールがさわってよい場所であればどこでも可能です。また、近くに敵がいなければ、ボールを蹴る方向に1、2m離して転がすことも可能です。そこで、ボールコントロールと総称します。ボールコントロールのよい選手とは、どこに飛んで来たボールでもあたかも手で扱うように処理できる選手ということです。

　ところで、ボールを止めるためにはどのようなことが必要なのでしょうか。弱いボールはどこに当ててもその場に止まるので問題ありませんが、強いボールはそのままでは跳ね返ってしまいます。手の場合は掴んで跳ね返りを止めることが可能ですが、足では掴めません。ですから、サッカーでボールを自分のものにする場合には、キャッチという言葉ではなく、トラップやストップという言葉を用いるのです。

　足元に来たボールに対して力を加えて接触すればキックになりますし、そのままで接触すればバウンドしてしまいます。ストップさせるためにはひと工夫必要です。

　ただし、バウンドしてしまうといっても、反発係数が低いので、バウンドした後のボールはスピードが遅く、周りに敵がいなければ自分で処理できます。ですから、下手でも一応のゲームができるのです。しかしそれでは、サッカーの醍醐味は得られません。来たボールを自分の間近にストップしてすぐに前線の味方にパスしないと、もらおうと思って走っている選手はオフサイドになっ

てしまいます。また、パスされたボールをトラップしようとしても自分から遠いところに跳ね返ってしまうのでは、その後で何歩か走って近づかないとパスを出せません。その間にボールを相手選手に取られてしまうかも知れません。

この飛んできたボールを止める方法は2つあります。

1つは、ボールのスピードに合わせて接触部位を後退させて接触時のボールと接触部位のスピードの差を小さくする方法です。身体部位に当たったボールの跳ね返り速度は、一見、ボールスピードによって決まるようにみえますけれども、本当は、ボールとぶつかる物体の相対スピード（スピードの差）によります。バウンドというと通常はバスケットボールのドリブルを思い出すでしょう。この場合、ぶつかる物体は床なので常にスピードはゼロです。ですから、強くぶつければ強く返ってくるのです。しかし、床と違って足は動くので強いボールに対して後退しながら足を当てれば、相対スピードが小さくなるので弱いボールが返ります。バットを両手で持って引きながら当てる野球のバントはこの原理です。逆に、緩いボールでも強く蹴ると強いボールが返るのは、蹴る足の方向がボールの飛んで来る方向と逆なので、引き算ではなく、足し算になるからです。これをまとめると左のようになります。スピードはみんな正の数で示す約束にしておきます。

① VB（返り）＝ C × |VB（行き）＋ 2 × VL| ・・・蹴った場合
② VB（返り）＝ C × |VB（行き）－ 0| ・・・当たった場合
③ VB（返り）＝ C × |VB（行き）－ 2 × VL| ・・・止めた場合

この式でVBはボール（Ball）のスピードで、VLは足（Leg）のスピードです。Cは反発係数で、1よりも小さい値です。第1章で説明したように、堅いもの同士の衝突では1に近い値となり、床面でバウンドする場合は0.75程度だという研究があります。しかし、足に当たる場合は、ボールや足の骨以外は柔らかい部分の変形などの要因で、反発係数は床に当たる時よりも小さくなります。本当は、この要因以外にボールと足が接触中に変形する要因もあり、その要素も含めて跳ね返り速度が決まりますが、直感的にはこの式のVB（返り）がゼロに近いとうまく止まると考えてください。また、速度だけでなく、跳ね返り速度は、ボールや足の重さによっても変わるので、「VB ×ボールの重さ」と「VL ×足の重さ」も計算しないといけないのですが、複雑になるので省略

しました。ここでの説明は厳密な物理学的説明ではありませんので、興味がある人は物理の専門家に聞いてください。私より上手に説明してくれるはずです。

　この３番目の式がトラップの跳ね返り速度を示しますが、それをゼロ、つまり、吸い付くように止めるためには、VL＝VB、普通に言うと、ボールが来る速度と同じ速度で足を引けばいいことになります。

　もう１つの方法は、地面を一辺とした三角形を作ってその中でバウンドさせて止める方法です。通常は、足裏と地面を60度程度にして構え、地面からバウンドしてきたボールを足裏に当て、足首を柔らかく使うことによってバウンドしたボールのスピードを殺します。地面にバウンドしたボールのスピードは前の式で決まっているので変えられませんが、一旦バウンドしたボールのスピードは次に当たる身体部位の脱力で弱めることができます。これを前の式にあてはめると、地面へのバウンドの時は②、次の足へ当たる時は③の式にしたがってボールスピードが落ちることになります。ゴロのボールを足裏で止めるトラップは、このトラップの特殊例として理解することができます。

　ところで、ゴロのボールに対しては、インサイドの土踏まずあたりを使って包丁で切るような動作で逆回転を使って止める選手が多くいます。強いボールが当たるのでボール自体は1、2ｍ跳ね返りますが、逆回転がかかっているので自分の近くに戻ってきてすぐに蹴ることができます。このトラップは慣れてくると簡単ですので、多くの選手が使ってます。しかし、強いボールに対して切るタイミングが少しずれただけでボールが浮き上がってしまいます（**図Ⅱ-4-1**）。プロの試合を見ていてもゴロのボールのトラップが浮き上がるケースがありますが、それは、この切るトラップを使っているためと考えられます。

　一方、インサイドキックの構えから内踝を引くトラップの場合は、少し接触点がずれてもボールの止まる位置はほとんど変わらないので、まずは、足を引く基本的なトラップを繰り返し練習して習得してください。

２　学習上の問題点

　前節の説明で、直接からだの部位に当ててボールのスピードを殺してボール

図Ⅱ-4-1　切るトラップ（上）と失敗例（下）

上段①から④までは、コマ送り映像。ボールは④の位置で逆回転して止まり、⑤でインサイドキックに移る。下段はダッシュして近づくコマ送り映像。①から④で切るまで右足が動いていることに注意。

を止める場合は、ボールとの相対速度を小さくするために、ボールが当たる前に当てる部位を後方へ引く必要があることが理解できたと思います。そうするとトラップの基本は、ボールに当たる部位を引くことができる状態でボールに当てることだとわかるでしょう。たとえば、立ったままの状態で腿の引くトラップをしようとしても、それ以上は引くことができません。したがって、腿トラップ場合は、腿を少し上げて腿を引く余裕がある状態で構えなければなりません。

　ただし、物理的には、トラップはインパクト時に身体の止める部分を引いて止めることになりますが、それまでの動作経緯を観察すると、引くというよりは、ボールを迎えに行って、当たる瞬間に少し力を抜いてその動き止めるだけでいい場合が多いです。このことは、具体的な練習メニューのところで説明します。

　ところで、バウンドさせてボールを止める方が簡単であり、初心者の試合では空中のボールを処理する場面はめったにみられません。しかし、そのようなトラップばかりだと、落下点の前に走りこんできたうまい選手に空中のトラッ

プで横取りされてしまいます。十分に余裕がある場合には、安定性があるので三角形のトラップを用いるべきですが、敵の選手と競ってボールを処理する場合は、なるべく高い位置でボールを処理するという原則通り空中のボールを処理するすべきでしょう。

3 インサイドでのトラップ

（1）補助練習

インサイドキックの反対動作で、自分の足元に止めるのが基本のインサイドトラップです。インサイドキックの補助練習を思い出してください。インパクト時のフォーム（**図Ⅱ-1-9**）からのボール押し出しを撮影して逆再生させたらどうなるでしょうか。転がってきたボールが自分の真ん前で静止するはずですね。これが、インサイドトラップの原理です。

そこで、まずは、そのフォームを練習しましょう。バックスイングのないインサイドキックの姿勢（ボールにさわった状態）から、立ち足の膝を曲げながらボールなしで押し出しのキックを行い押し出し終わったところでバランスをとり、その姿勢を維持します（**図Ⅱ-4-2**の④）。この状態から立ち膝を伸ばせば、インサイド押し出しの開始姿勢に戻ります。④の姿勢で待っているところに、パートナーからゆるいボールを手でころがしてもらい、今度はインサイドキックの逆動作で立ち足の膝をゆっくり伸ばせば、⑤のところでボールは吸い付くように止まるはずです。ボールが速くなったら立ち膝を伸ばすスピードを速くすればいいのです。当たる瞬間に蹴り足が引かれて止まりますが、動く感覚としては、足を引くのではなく、むしろ立ち膝を伸ばす感じになります。

このトラップを次のキックやドリブルに素早くつなげるためには立ち足の膝をあまり伸ばさないで蹴り足を引く動作が必要になりますので、膝の伸ばしはあまり強調し過ぎない方がいいかも知れません。そのためにも、膝を伸ばしてボールを止めた状態の時、立ち足１本で立っていられるかどうかが重要なポイントになります。ただし、初心者で腰の上下動と連動して蹴り足がうまく前後

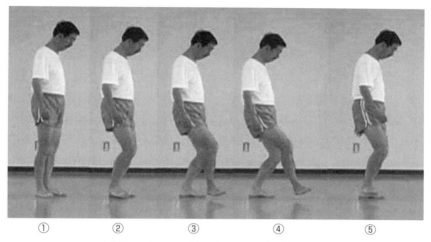

図Ⅱ-4-2　インサイドトラップの基本動作

②のインサイドキック基本姿勢から。より深く立ち膝を曲げて④のように右足を前に出す。ボールが来たら、⑤のように急激に立ち膝を伸ばして②の姿勢まで戻る。

動しない時には、膝の曲げ伸ばしを強調して指導することにしています。

　ここでの注意点は、蹴り足の前頸骨筋（すねの筋肉）の力を抜かないでつま先を外向きにして足首の曲げを維持すること、および、立ち足の膝を完全に伸ばさないことです。蹴り足のつま先を右に向けたまま維持することは、トラップする面をボールの方向と垂直に保つために必要です。この面が構えた時のままの形で、面と垂直の方向に後退してこないと、当たったボールの跳ね返り方向が一定でなくなり、下手をすると股の間から後ろへボールを逃してしまいます。

　感覚的には、「小指を立てて足首を固定する筋とつま先を右に回して固定する筋の緊張を維持すること」と表現できると思います。この緊張のままで、左の立ち足は軽く楽に上下動させるのですから、慣れないと右足の緊張も抜けてしまい、内踝が自然と内側を向いてしまいます。

　また、インパクト時にあわてて立ち足を完全に伸ばしてしまうと、バランスを崩す原因となり次の動作の開始も遅れます。

　そこで、押し出しだけでのインサイドキックの基本姿勢である、ボールに踝

の内側を接触させた姿勢で膝を軽く曲げて安定して立ち、そこから立ち膝を少し大きく曲げてみましょう。そうすると、バランスをとるために自然と右足が前にいくはずです。一度姿勢を元に戻して、前に出る足を少し強調してもう一度立ち足を曲げてみると、これがトラップの基本姿勢になります。その状態で立ち、パートナーにその足めがけてボールを手でゆっくり転がしてもらいます。両者の間隔は1mです。ボールの接近に合わせて立ち足の膝を伸ばして蹴り足をゆっくり引けば、ボールは吸いつくように止まるはずです。止める位置は立ち足のところです。それ以上後ろにすると次の処理に時間がかかります。

　通常のゲームではもっとボールが速いので、動作がわかったらボールが足に当たる瞬間に立ち足の膝をちょっと伸ばして蹴り足を引く感覚でいいです。また、慣れてきて立ち足だけで安定して立っていられるようになると、立ち足を故意に伸ばさなくとも、ボールに向かって軽く立ち膝を曲げて構えて、その曲げを「やめる」（安定した構えの位置に「戻る」)」だけで蹴り足の引きができ、それだけで止められるようになります。ボールが速くなったら立ち膝を素早く曲げてボールを迎えに行きますが、「その足を引く」という意識ではなく「内踝でボールを迎えにいってインパクトの瞬間に止めると反動で内踝が引けてボールが吸いついた」という感じになればフォームの完成です。

　かなり速いボールが来てもボールが吸い付くようになれば、動作の完成です。吸い付いた状態で安定していますから、その状態から再度膝を曲げて沈み込めば、ボールはそのまま相手に転がるはずです。それを10回繰り返せば、インサイドキックとインサイドトラップの補助練習を10回繰り返したことになります。これが難なくできる人は、基本的なインサイドキックとインサイドトラップは完璧にできるはずです。

（2）基本練習

　膝を曲げて構えてインパクトの瞬間に膝を伸ばしてタイミングよくボールを吸い付けることができたら、基本練習に入ります。2人の距離は3mぐらいでいいでしょう。まずフォーム練習です。今度は、膝を曲げて構えるのではなく、転がしてくれる相手に対して「その場合ジョギング」をして待ちます。そして、ボールは使わず、相手の「イチ」の合図で蹴り足を前に出したトラップの構え

①　　　②　　　③　　　④　　　⑤　　　⑥　　　⑦

図Ⅱ-4-3　トラップした後のキックへのつなげ方

立ち足の膝を曲げて右内踝で前に押し出しながら、②から③で、右足をそのまま地面に着く。④のようにその右足で地面を蹴り、立ち足の左足を、⑤のように動くボールの少し前に踏み込む。そこから、⑦にかけてインサイドキックを行うと、⑥のインパクト時点でボールが立ち足の真横になる。

　（図Ⅱ-4-2の④）を作り、「ニッ」の合図で膝を伸ばす練習をします。何回かやってそのフォームが確認できたら、ボールを出してもらいます。ボールが出されたら、「イチ」と心の中で言ってインサイドの構えでボールを迎えに行って、インパクトの瞬間に立ち膝を伸ばしてトラップします。トラップしたら、すぐに1mほど下がって、1歩踏み込んだインサイドキックで返します。1歩下がらないでボールを相手に返そうとすると、相手との距離が短いために脚の振り回して蹴る癖がつきます。ですから、必ず1歩下がって踏み込んで蹴るようにしてください。

　はじめは、手で正確にボールを出してもらいましょう。そして、できるようになったら、キックの時と同じように左右に転がってくる意地悪ボールに対してサイドステップで移動して止める練習に移ります。それにも慣れてきたらインサイドキックで蹴られたボールをトラップする練習に入ります。片方がダイレクトのインサイドキック、もう片方が、トラップしてからのインサイドキックです。この段階になれば、お互いにキックとトラップを繰り返すことになりますので、面白くなるはずです。

　なお、これができたら、トラップからキックにつなげる連続技を学習しましょう。図Ⅱ-4-3にトラップ後の動きを示しましたが、トラップしたボールをすぐに前に押し出して一歩踏み込んで蹴る一連の動作です。この技の要は、静止したボールをすぐに前に押し出すことです。そのためには、足にボールが吸い

付いた状態で片足で立ち、ボールの接した足をそのまま前方の地面につけます。インサイドキックの練習では「押し出す足を地面につけてはいけない」と強調しましたが、そのいけないことを行うことで、ボールが1m程前まで転がります。それを1歩踏み込んで蹴ると短時間でキックまで行えます。この技術は、ドリブルの応用ですので、詳しくは、後のインサイドドリブルの説明を読んでください。

ここまでくれば、スピードを徐々に上げて繰り返しましょう。この時、どちらもインサイドキックの練習としてきちんと意識して蹴らないと、変な癖がつくので注意が必要です。ダイレクトで蹴る人は、相手がトラップしやすいようにトラップする足をめがけて蹴り、その目標からどの方向にどのくらい外れたかを毎回チェックしてスイングの修正を行い、誤差を少なくするように努力すべきです（というよりも沈み込む速さと方向のチェック）。そうすれば、ダイレクトの壁パスの名人になれるでしょう。インサイドキックは、10回に1回のミスでも、たまたまミスったと考えてはいけません。技術が未熟だと考えないと、サッカーは進歩しません。トラップも同じです。ゴロの球を10回に1回トラップミスするのは、技術が未熟だからと判断して練習を重ねるべきです。

慣れてきたら、ダイレクトで蹴る方はインステップキックに変えてみましょう。より強いボールがきますので、インサイドキック同士で練習を積んでからのメニューになります。

インステップキックを蹴る側は、踏み込む歩幅を大きくしたり小さくしたりして、様々なスピードのボールを蹴ってください。インステップキック側もトラップしたボールをそのまま前に押し出て蹴ると、トラップからのインステップキックという連続技になります。この練習は2人ともトラップして蹴りますので、2人の間は20m程度取ってかなり強い球を蹴ってもいいですが、技術習得が目的ですので全力でのキックは避け、正確にジャストミートするように心掛けてください。

（3）浮き球のインサイドトラップ

蹴られた球がゴロでこない場合も少なからずあります。膝下の高さのライナー性のボールは、転がってきたボールと同じように、もっとも確実なインサ

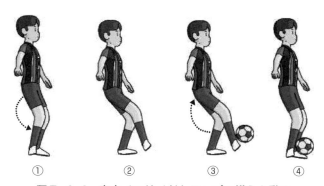

図Ⅱ-4-4　空中インサイドトラップの構えと動き

①のインサイド押し出しの構えから、矢印のように立ち膝を曲げて腰を落とすと立ち足の大転子を中心とした後回転が生じ、②の内踝を上に向けた構えができる。そして、そこにボールを投げてもらい、③のインパクト時に立ち膝を伸ばして元の位置に戻せば、ボールが吸い付いて④の状態でボールが止まる。

イドでトラップすべきです。この場合は、踵の回転を使わないインサイドボレーの逆動作で行います。「インサイドトラップを空中で行う」という表現で理解してもいいと思います。

　練習の要領は、ゴロのトラップの練習過程と同じです。ゴロのトラップフォームから腿を上げただけでは内踝が上を向かないので、立ち膝を曲げて腰を少し後ろに落とすと内踝が上を向きます（**図Ⅱ-4-4**）。この図中の②のフォームで安定した片足立ちができることを確認してください。そして、構えが安定したらその内踝のところにボールを投げてもらい、ボールが当たる瞬間に立ち膝を伸ばして足を少しだけ下に引きます。足を引く意識がなくても立ち足の膝を伸ばして力を抜けば内踝が自然に元に位置である足下まで戻ります。

　この基本動作に慣れたら、ゴロのトラップと同様にジョギングしてボールを待ち、ボールが投げられたら、フォームを作って止めます。ゴロのインサイドトラップと同様に、ボールを迎えにいって、当たる瞬間に止めると、反動で踝が引かされますので、うまく止まります。蹴り足を引こうと意識すると引きすぎてボールを後ろに逃がしてしまいますので、「足を引く」のではなく「腰を少し上げて元に戻す」という意識で練習してください。

　なお、投げる方は、相手の膝をめがけてアンダースローで投げます。4、5

m離れて山なりのボールではなく、ライナー性のボールを両手の下手投げで投げることがポイントです。踝の内側は真上を向きにくいので、山なりのボールの処理にはむきません。また、山なりボールの場合は、足でトラップしようと待っていると、一歩前に出た敵に、より高い腿や胸で処理（トラップ）されてしまいます。

4　三角形を作ってのトラップ

　前節でライナー性の浮き球のトラップを説明しましたが、余裕がある場合のバウンドしたボールを簡単に止める方法は、足裏で三角形をつくるトラップです（**図Ⅱ-4-5**）。初心者は、図の右のように、足全体を大きく上げてバウンドに合わせて下にもっていきますが、バウンドするタイミングを見計らって足をちょこんと出して足裏の三角形で止めるのがこつです。ボールリフティングには、この足とボールの位置関係の感覚を養う意味もあります。

　もう1つは、せっかくインサイドキックの足形を覚えたのですから、**図Ⅱ-4-6**にあるように、面積の大きい下腿を使った三角形でのトラップを覚えましょう。この時の三角形は足首を曲げ固定したフォームですので、ここでも、インサイドキックの練習が生きてきます。このトラップは、自分の左から敵が迫ってきた時に、ボールと敵の間に自分の身体を入れることになるので、ボールを奪われにくくなります。

　いずれにしても、片足で立って三角形を作り、当たる瞬間に当たる足の力を抜くのがこつです。足首の固定以外の力を抜くためには、インサイドでのトラップと同様にインパクト時に立ち膝を少し伸ばす感じでいいです。

　また、どちらの練習でも、立っている位置のすぐ前方でバウンドする山なりのボールを投げてもらうことからはじめ、慣れてきたら、1m以上前でバウンドするボールを投げてもらい、数歩前進して三角形をつくるようにします。なぜなら、立っている位置でバウンドするボールであれば、敵に横取りされないように、前進して高い位置のボールを腿や胸を使ってトラップするのが原則だからです。

図Ⅱ-4-5　足裏でのトラップ

右のように、腿を上げてトラップしないこと。

図Ⅱ-4-6　インサイドでの基本的三角形トラップ

図の上は、上から見たフォーム。1歩踏み込んで横を向き、地面で跳ね返ったボールが内踝に当たる瞬間に右足の力は抜かずに左膝を少し伸ばして伸び上がればボールは近くに転がる。

　足では間に合わないバウンドを処理する時には胸で三角形をつくることも有効です。バウンドめがけて前傾して全力前進することにより、腿から胸までのどこかに当てて自分の走る前方にボールをバウンドさせようというものであり、ボールへの寄りをためらっている敵に一歩先んずることができます（**図Ⅱ-4-7**）。初心者はバウンドしたボールが顔に当たらないかと気にしてダッシュ

図Ⅱ-4-7　大きい三角形を作ってのトラップ

バウンド位置を推定して走ってきて、バウンドする時に図のように上体をかぶせて走り抜けると、ボールは前方に転がっているはず。

を躊躇しがちですが、間に合わないかもと躊躇するとかえってバウンドの高いところ（顔など）で止めることになりますので、勇気を持ってバウンド地点に近づいてください。

5　腿でのトラップ

（1）補助練習

　足下に落ちるボールがきた時、それが山なりのボールの場合は、少し前に出て腿でトラップするのが基本です。山なりのボールはあまりスピードがないので、腿に当てて落とします。ややライナーぎみのボールや高いボールはスピードがあるので、当たる時に多少腿を引きぎみにして落とし、遅いボールはボールは突っつくようにして弾ませて、自分の足のつま先あたりにバウンドさせるのが基本です。そして、弾んだボールはなるべく早く足裏で静止させます。弾んだボールの処理は、前述の三角形を作ってのトラップになりますので、足の裏を使って最初のバウンドで完全に静止させるのがとりあえずの目標です。

　そこでまずは、ボールを自分で手に持って腿で垂直に弾ませて手で取ることから始めましょう（図Ⅱ-4-8）。まっすぐ上に弾む感じを覚えましょう。打つのではなく、軽く突っつく感じです。この時、膝は脱力状態で軽く曲がってい

図Ⅱ-4-8　腿トラップの補助練習

①からボールを真上に軽く投げ上げ、②のように腿で軽く突き上げ、跳ね返ったボールを受け取る。そして、何回かやったら、③のように腿キックで相手に返す。

なければいけません。時々、緊張から足首を曲げて膝を伸ばしたままで腿を上げる初心者がいますが、膝を伸ばすと脚の重心が体幹の中心から遠くなり、腿を持ち上げるエネルギーが増大し、ボールの中心に腿を合わせるための横方向の微調整もやりにくくなります。このような場合は、腿を上げる意識ではなく、膝頭で突っつく感じを意識して練習すればよくなるでしょう。腿でのリフティングのフォームはこの補助練習と同じなので腿のリフティング練習は役にたちます。

　この感じがわかったら、図中の③のようにボールを軽く腿ではじいて向かい合った相手に返してください。これを交互に繰り返したら、持ち上げた③の状態で構え、相手に、構えた腿に山なりのボールを投げてもらいます。原理的には、インサイドトラップの説明と同じように、相手に腿でボールを返した映像を逆再生すればボールが腿から垂直に跳ね返り手に戻るはずですね。当たる瞬間に軽く突っつくとボールが垂直にバウンドして足元に落ちるはずです。

(2) 基本練習

　腿でボールを垂直に突き上げる感じが分かったら、基本練習に移ります。両足で立った姿勢で構え、4、5ｍ離れたところから腰をめがけた山なりのボールをアンダースローで投げてもらい、投げられた後で図Ⅱ-4-8の③のように腿を上げてボールを突っつきます。上に浮いたボールを手で取ってはサッカー

にならないので、落下する地点に足を出して靴底で押さえます。技術的には足裏の三角トラップと同じですので、すぐできますね。

　初心者は腿で弾んだボールが腹に当たるケースが多いですが、これは、インパクトの時の腿が水平に近くなっているからです。「ゆっくり腿で下から叩く」あるいは「もう少し膝が低い位置でボールに当てる」という意識で繰り返せば、すぐに上達するはずです。それでも、あわてると強く動作してしまい、お腹や胸にリバウンドする結果となります。また、ボールが恐くてのけぞった姿勢になることも原因の１つです。特に初心者の場合はその傾向が強いので、補助練習を十分に行ってから、緩いボールを投げて処理させると上達が早いです。このことさえ注意すれば、腿のトラップは比較的覚えやすい技術です。ただし、補助練習の時は腿を水平に上げてボールを突っつきますが、実際のトラップの時は腿の位置が少し下になりますので、それだけは注意してください。

　はじくトラップができたら、腿に吸い付くようなトラップもやってみてください。この時は、腿を引くというよりも、構えている立ち足の膝も少し曲げて身体全体を少しだけ沈める感じがいいでしょう。

　また、足の甲でボールを受けることも可能ですが、その場合は、足の甲を落下点に持っていき、当たる瞬間にその足を少し下げます。この時もトラップする足を下げるのではなく、ボールが足の甲に当たる瞬間に反対側の立ち膝を曲げてトラップする脚全体を下げる意識で行ってください。足の甲だけを下げようとすると足が後ろに引けてしまうからです。

6　胸でのトラップ

（1）補助練習

　より高くからくるボールは胸でトラップすることが多いです。なぜかというと、腿でトラップしようと構えていると、その前に出てきた敵により高い身体部位である胸のトラップでボールを奪われてしまうからです。そのため、時間的余裕があれば前に出て胸でのトラップを心がける必要があります。ただし、それでも余裕がある場合は、その前でヘディングされてしまうケースもあるの

図Ⅱ-4-9　胸トラップの補助練習

①の正しいフォームから、ボールを持って上に動かし目で追ってみる。そうすると③のようにラジオ体操の後屈動作なってしまう。②のように正しいフォームのままで見続けるには、上目遣いで見る必要がある。

図Ⅱ-4-10　胸トラップの注意点

正しいフォームで構えても、そのままボールを向かえに行くと②のように胸の面が下向きになってしまう。上半身はそのままで膝を伸ばすと、④のようにボールを浮かせられる。

で注意したいです。

　まず、胸でのトラップの、構えを作ってみましょう。（図Ⅱ-4-9の①）腰を前に突き出して膝を曲げると、胸が、前ではなく、やや上に向くはずです。この状態で顎を引くとインパクト時のフォームになります。この構えを作り、胸

にボールが当たる瞬間に膝を少し伸ばして上体を突き上げるとボールが上に弾んで下に落ちます（**図Ⅱ-4-10の③④**）。この時のボールの軌跡を生む力学は腿での突っつきと同じ原理です。したがって、腿の場合と同じように、胸を引いてボールを落とす方法もあります。

　この技術が難しい理由は、頭に近いところにボールを当てるので恐いということです。したがって、ボールを自分で投げ上げて当てるなどの補助練習が必要です。しかし、そのほかにも、もう１つ難しい理由があります。胸を張って腰を前に出す構えは、ラジオ体操の後屈動作と同じだということです。ですから、足を開いた「気をつけ」の状態から腰を伸ばして後傾すると、自然と顎が上がって頭が後ろに反ってしまいます。これではボールが見えませんね。そこでボールを見ようと顎を引くと、今度は腰が曲がってしまいます。ですから、腰を伸ばして顎を引く練習がまず第１です。ゆっくり上体を動かしてその姿勢を確認したら、元の普通の立った姿勢に戻ってみましょう。できましたか。

　それでは、すぐにもう一度、先ほどの構えをすばやく作ってみてください。おやおや、今度は失敗しましたね。やはり、後屈動作になってしまった人が多いはずです。ですから、はじめは、首回りの筋肉の緊張を解かないままで何回かゆっくり上体と頭を前後させてみましょう。構えを作るために胸を張った時の顎の緊張が大切です。それがわかったら段々とスピードを増して構えを作り、最後にはすばやく頭を引いてみましょう。首の緊張が残って顎が引けていればオーケーです。その時、膝は軽く曲げて構えているでしょうか。腕の形は自然でいいですが、胸を反らせて顎を引き胸に力を入れれば、自然に肘が曲がって両腕がランニングの腕の引きの状態になるはずです。

　インパクト時の構えがわかったら、今度は、正しく構えたままで片手の手のひらにボールを持ち、肘を曲げ伸ばししてボールを上下させてみましょう（**図Ⅱ-4-9の②**）。この時、首を反らさず顎を引いたままでボールを見続けることが大事です。はじめはボールが上に移動すると顎が上を向いて③のラジオ体操の後屈状態になってしまうので顎を引く意識を忘れないように注意することです。

　そして、上下してもボールを見続けることができたら、両手で顔の前あたりでボールを持って胸にボールを軽くぶつけてみましょう。顔を背けずに胸に当

たる感覚がわかれば、フォームの完成です。ボールを投げ上げたら、顎を引いたままでよくボールを見て、当たる瞬間に胸に力を入れれば痛くないはずです。当たる時に、後傾姿勢はそのまま維持して曲げていた膝を軽く伸ばすとボールが胸でポンと弾むはずです。胸を反って構えても、腰が曲がっていてはボールが前に跳ね返ってトラップになりません。怖いと感じる人は、はじめは膝伸ばしは意識せず胸に当てるだけの練習でいいです。それに慣れたら、胸にボールが当たる瞬間に膝を少し伸ばしてみてください。

（2）基本練習

　これから基本練習に入りますが、初心者には、次に説明するヘディングを先に練習することを勧めます。私の授業でも、ヘディングを先に練習します。なぜなら、胸を反らせて顎を引く準備姿勢は同じで、柔らかい胸の部分にボールを当てる感覚よりも、目に近く硬い頭の部分に当てる方がボールを見やすいのでボールの動きをつかみやすく、かえって恐怖感も少ないと思うからです。

　自分で胸にぶつける補助練習の動作ができたら、両足で立って、口か顎あたりをめがけてゆるいボールを投げてもらいましょう。顎を引いてのけぞると、ちょうど胸にボールが当たります。当たる瞬間に少し胸に力を入れながら膝を軽く伸ばすとボールが胸から上に弾んで足元に落ちるはずです。胸と地面との角度が変わらず、腹を出すのではなく、上半身全体が上に持ち上げられるような感じになればいいです（**図Ⅱ-4-10**の④）。落ちたボールはすぐに足裏で処理して静止させましょう。

　ボールがない状態でうまく胸を反らせられるようになった人も、ボールに注意がいくと途端に前に逆戻りして、顔も反らせてラジオ体操フォームになってしまう場合が多々ありますが、ボールを上目遣いで注視し続けることを意識すれば直るはずです。ボールを見ていても、恐がるとやはりのけぞったり腰が曲がったりします。のけぞると膝も伸びて当てるだけになってしまい、意図的コントロールができなくなります。

　また、「胸にボールを乗せる」ではなく「ボールを当てる」という感覚ですと、腰が曲がったフォーム（**図Ⅱ-4-10**の②）になって、胸に当たったボールが壁に当たったように下に跳ね返ってしまい、何歩も走らないとボールに追いつ

かなくなります。これでは、トラップではなく胸キックです。初心者は、はじめはうまく反らせていても、移動すると腰が曲がってしまいますので、投げる方は、正確に相手の胸に届くボールを投げましょう。

7 トラップの応用練習

（1）インサイドトラップの注意点と応用へのヒント

　インサイドトラップでは、止めた時に片足で立っていることが重要だと書きました。その理由は、すぐ次の動作に入るためです。そこでの説明は、トラップした足で吸いついたボールをそのまま押し出すことで自分の1m前にボールを置き、すぐにキックすることでした。しかし、右や左に蹴る場合は、蹴る方向にボールを出した方が次の動作がスムースにできます。トラップしたらすぐに蹴る方向にボールを置くことが上級者の課題となります。この応用練習は、3人が三角形になって行います。**図Ⅱ-4-11**にあるように、右利きの場合は、反時計回りで左からきたボールを基本トラップで少し立ち足の後ろ（**図の②**）まで右足を引いて止めるます。すると内踝の面が右側の相手方向を向きますので、その方向にインサイドキックの足形のままで右足を着地させれば（**図の③**）、その1m前にボールが出されますので、2人の対面キックと同じリズムで右の相手に蹴ることができます。少し慣れれば、逆方向も、同じようにできるはずです。ただし、押し出す方向は立ち足のつま先方向より左ですので、吸いつけた右足が立ち足より前の位置でないと立ち足側には押し出せません。その分だけ難しい課題と言えます。

　ところで、もう1つ、このようなキックをより短時間で行える別のトラップがあります。そこで、その方法を説明します。

　インステップキックの基本練習で、片方がインサイドキック、もう片方がインステップキックで繰り返す課題がありました。この時、インサイドキックを蹴る方は、ボールスピードを殺して蹴りやすいボールを出す練習だと説明しました。このキックをもっと弱くするとどうなるでしょうか。ボテボテで途中で止まるボールになってしまうでしょう。それを意図的に行うと、インサイドト

①ボールを向かえに行く

②伸び上がりトラップ

③そのまま右足で60度右に押し出し
　その右足を着地する

④次の左足をボールの横に踏み込んで蹴る

図Ⅱ-4-11　3人での連続トラップ・キック

上の矢印の起点と下の矢印の終点に他の2選手が立って三角形を作る。

図Ⅱ-4-12　はじくトラップからのキック

①から右足を踏み込み始め③でインパクトして右足を着地、④までボールをはじき⑤で立ち足を着地、⑥⑦で前方にキックする。

ラップで1m先に押し出したことと同じことをより短時間でできたことになります。これまでのメニューができていれば、この練習（**図Ⅱ-4-12**）は、これだけの説明で十分にできますね。このトラップは時間短縮になりますが、相手がすぐそばにいると身体を入れられてしまうので密集地帯では使えません。ただし、相手が近くにいても、チャレンジしてくる相手と反対方向に蹴る場合には使えます。

　次に、空中でのインサイドトラップの応用ついて考えてみます。基本練習では、前からのライナー性のボールについてのみ練習してきましたが、実は、サイドからのボールに対しても簡単に応用できます。

　そこでまず、その原理を説明します。ゴロのトラップの基本原理の説明の時

普通のインサイドトラップの構え　　　　　横からのボールへの構え

図Ⅱ-4-13　横からのライナー性ボールのインサイドトラップ

どちらも、インパクトの瞬間に、蹴り足のインサイドの足形を維持する筋肉以外の力を抜いて少しだけ伸び上がると立位姿勢に近づくので、右足が図にあるように引かれてボールが吸いつくように止まる。

に、内踝でボールを迎えにいってインパクトの瞬間に止めると反動で内踝が引けてボールが吸い付くと説明しました。また、ライナーボールのトラップの時には、足を引かなくても立ち足の膝を伸ばして力を抜けば内踝が自然に元の位置である足下まで戻ると説明しました。同じように、横からのボールに対しても、足首を曲げたフォームでボールを迎えにいってインパクトの瞬間に「ヤメタ」とすれば、立ち足の膝が少し伸びて、内踝が自然の位置に戻ってボールが吸い付くことになります。この「ボールを迎えにいって止めると足が元の位置に戻ろうとしてボールが吸い付く」ということが理解できて実行できると、様々な応用が可能となります。図Ⅱ-4-13の左は正面からのボールへのトラップの構えを上から見た図です。右腿をやや斜め前方に上げて足首を固定させた構えが基本型ですが、右のように図の下方向を向いて腿をまっすぐ上げてつま先を立てた足をボール方向に向けて少し押し出すと、横からのボールを迎えにいけます。そして、インパクトの瞬間に足首以外の力を抜くいて少しだけ伸び上がると、押し出した脚が戻ってボールが真下に落ちます。このように腿を上げる方向を少しずつ変えることで、前方左側のどの方向からくるライナー性のボールも迎えに行けます。そして、インパクトの瞬間に迎えを止めて伸び上がり脱力することで簡単にトラップすることができます。この技術が両足で使えるようになれば、前方のどの方向からのボールに対しても対応できます。走っていて横からくるライナー性のボールを簡単に足元に吸い付くようにトラップできるのは、腿を上げる方向を調整してボールの来る方向に内踝の面を向けて構え、インパクトと同時に立ち膝を少しだけ伸ばして内踝の面を引くからです。

この間、足首を曲げる力だけは抜かないで面を作っていることと、重心が前に移動しながらも、もう一方の足で立ち続けることが重要です。この崩れながらも立っている支えのバランス技術が重要です。

実は、この原理は、走っていて横からゴロの強いパスが来た時も同じように使えます。先ほどの図のボールが強いグランダーで走路前方にきたと考えれば同じように足を構えられます。走っている場合は、走る動きのままでボールを右から迎えます。そして、インパクトの瞬間に、身体全体で少し右上に伸び上がります。これは、左足着地の状態で少し右上方に立ち上がると右足が開いて斜め右に着地する原理を使います。インパクト時に、その自然な伸び上がり動作を行って少し我慢すると、右足が開きます（ボール方向に対しては足を少し引くことになります）ので、そこでボールを受け止めてその後で着地するとトラップが完成します。この場合も、片足でバランスよく我慢して短時間だけ立っている技術が必要です。このように、着地後少しだけ休止して重心移動しながら片足立ちで構え、伸び上がる時に右足の前脛骨筋以外の力を抜くだけで、目的の動作が誘発されるのです。この場合も、地面を摑んでいる足の力をフリーズして挙げた足の着地を少しだけ遅らせるバランス感覚が重要なことを理解してください。

（2）腿トラップの応用練習

腿トラップは、基本がうまくできるようになったら、自分の意図する方向にバウンドさせてみましょう。右から敵が来た時は右腿で左に、左から敵が来た時は左腿で右にバウンドさせるのが普通です。そのままドリブルに入って2、3歩ダッシュしてみましょう。ただし、ドリブルやダッシュに気を取られるとトラップそのものが失敗するので、はじめはボールを落とす位置の正確さを身につけましょう。

その前にフェイントを入れて反対に走るように思わせることができればより高度な技術を身につけたことになります。この腿で突っつくトラップができれば、腿を引くトラップは簡単です。山なりのボールはよほど高く上がったボールでないとスピードがありませんので、腿に正確に当てさえすれば下に落ちるはずです。

（3）胸のトラップの応用練習

　腿と同様、浮かせるボールの方向を制御することにより、次に走り出す方向を転換することができます。少し工夫すれば、ボールの方向と直角の方向に落としてドリブルすることも可能です。その前にフェイントを入れれば、敵の裏をかくこともできます。

　胸で落とすトラップは、釜本選手がブラジル出身のネルソン吉村選手から習ったそうですが、突き出した胸を当たる瞬間にへこませます。言うのは簡単ですが、うまくやるためには繰り返し練習する必要があります。この技術も、ボールの滞空時間が短くなるので、スピードが要求される近代サッカーには欠かせない技術です。この方法での方向転換は難しいですが、競り合い場面では威力を発揮するでしょう。

（4）三角形を作るトラップの応用練習

　バウンドしているルーズボール（どちらのチームの支配下にもないボール）に対して素早く近づきバウンド時点でボールをコントロールする場合、相手選手も近づいてきていますので、そのまま進行方向に進むことは希であり、相手から遠い方向に進む必要があります。その時使う技術は、足の内側で作る三角形です（**図Ⅱ-4-14**）。たとえば、右前から敵が来た場合、右足での三角形を立ち足よりも前に作り、左にトラップして左方向に進みます。その時は立ち足よりも前に左下を向けた三角形を右足で作り、左方向にボールを動かして進みます。この時は、フォームを作り、バウンドするボールにかぶせて、そのまま左方向に倒れます。倒れることにより、右足が地面について、それが左へのダッシュの第1歩になります。こうすることで、左へ動くボールと自分との距離を一定にすることができます。これは、後に述べる「ボールを常に1歩で処理する位置に置く」というドリブルの原則にかなうプレーです。

（5）各種のトラップ技術をミックスさせた練習

　ここまでは、基本的な練習メニューを解説してきました。この場合、ボールを投げるパートナーは、もっともトラップしやすいところへ投げるのを原則と

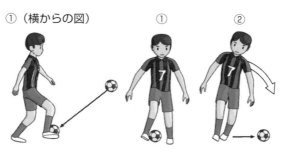

図Ⅱ-4-14　横への三角形トラップ

右は前からのフォーム。
ボールが地面に触れた瞬間に右足をそのまま地面につけながら、同時に身体全体を左（画面太矢印方向）に倒し、次の1歩とする。

してきました。しかし、実際の試合場面では、そのようなケースはまれです。自分からトラップしやすいところへ走って行ったり、トラップしやすい方向へ向き直ったりしてボールを処理するのが普通です。また、走り出した時にはどの部位でトラップしたらよいのかわからない、つまり、どの高さでボールを処理するのかわからないのが普通です。したがって、各々の技術が身についたら、それをミックスして、また、トラップの部位を変えて練習する必要があります。たとえば、構えた人の前後左右に山なりのボールを出して指定した箇所（たとえば腿）でトラップさせたり、構えた人に高さの違ったボールを予告無しに出してトラップさせたりする練習がそれです。

片方が手に持ったボールをインステップボレーで様々な位置に蹴ってトラップさせれば、正確にボレーを蹴る練習とトラップの練習がミックスされたことになります。ただし、少しうまくなったからといって基本の繰り返しをやめてしまってはだめです。少なくとも、ここで示した基本練習で、一球ごとに意図的にボールを止める位置を変え、100回中100回狙った通りの位置にボールが止められるまで、基本練習を繰り返すべきでしょう。

また、走りながら処理してそのままドリブルにつなげる練習も必要です。トラップシュートの練習はそのような流れの中での応用動作と考えないと意味がなくなります。きちんと足元へトラップしてそのボールを蹴る基本練習だけでは実践的でありません。敵のバックスにマークされていれば、すぐにスライディ

ングタックルでつぶされてしまいます。敵の位置を想定して逆方向に大きくト
ラップしてすぐに蹴る、あるいはその前にフェイントを入れるなど、実戦を想
定した練習が必要です。そのためには、実戦場面がイメージできていなければ
なりません。そのためにも、下手な段階でも試合を数多く経験する必要があり
ます。

　ただし、いくら経験が多くとも、ゲームを反省する能力がないとイメージが
描けず、猫に小判です。ここで説明している技術練習を繰り返す時、それらが
試合のどの場面につながるかを考えながら、しかも、個々の技術がどのような
身体の動きで成り立っているかを感じながら練習する必要があります。要する
に頭を使えということです。

8　ヘディング

（1）ヘディングの学習上の問題点

　ヘディングの力学はもういいですね。ヘディングでは、頭が動いて飛んでき
たボールに当たるのですから、ボールの速度が速かったり頭の動きが速かった
りすれば、強いボールが返ります。首の筋肉を緊張させていないと危険だし、
それだけはね返るボールのスピードが遅くなります。これは、これまで説明し
てきた原理と同じです。

　そこで、学習上の注意からはじめましょう。しかし、これも胸のトラップで
説明したこととほぼ同じです。頭で打つ場合のバックスイングは胸のトラップ
における胸張りと同じです。ですから、ラジオ体操の後屈動作にならないよう
に、姿勢や筋肉の緊張具合を感じながら、立った姿勢から、何回かゆっくり上
体と頭を前後させてみましょう。（**図Ⅱ-4-15**の①）反った時の顎の緊張が大
切です。できたら段々とスピードを増していき、最後にはすばやくバックスイ
ングをとってみましょう。首の緊張が残って顎が引けていればオーケーです。

　次は前への突き出しです（**図Ⅱ-4-15**の②-③）。スイング姿勢を確認して
も、次の説明をせずに「頭を前に振りなさい」と言うと、大半の人は、前屈動
作（おじぎ動作）になってしまいます。これも、ポピュラーで自然な動作が前

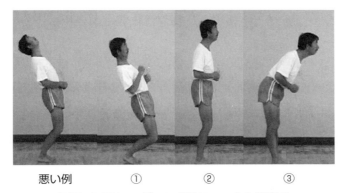

悪い例　　　①　　　②　　　③

図Ⅱ-4-15　ヘディングのフォームと注意点

①で構えて顎を出しながら上体を前にスイングする。顎を出すことで額が回転せずに前方移動する。膝を伸ばしながら②あたりでボールを捉えるが、額の移動方向を確認するために、この練習では③までスムースに腰を曲げること。

後屈という一連の動作だからです。もう何年もやっているのですから、そうならない人はラジオ体操をさぼっていた人かも知れません。こうなると、脳天頭突きになってしまいます。額の面の角度が変わらないようにして前に突き出すことが必要なのですから、頭が前に行くにしたがって首の後ろも緊張させて顎が前に出て行かなければなりません。

そのためには、ボールを額の高さに持ってもらい、そのボールを見続けながら頭を前後させてみるといいです。はじめは頭も反っているので下目使い、最後は上目使いでボールを見続けると、頭の動きの確認と目をつぶらない練習になります。人間に限らず動物にはスピードのある物体が目に近づくと目を閉じる反射回路があるので、訓練しないと目を閉じる反射に打ち勝てません。この反射は個体生存のための生得的な機能だからです。ここでも反復練習が必要なことが理解されるでしょう。ボールがなくても手で拳を作って目の前に持っていき、水平に遠ざけて、それを見続けながら頭を前に持っていくことでも、よい動きが理解できていれば可能です。

どうしても腰が曲がってしまう癖が残る場合は、足を前後に開いて構えることが効果的な場合があります。足を前にもってきてしまえば、膝を曲げてへっぴり腰の構えをとることができにくいからです。腕を曲げて頭と同時に肘を引

くことを意識させることも効果的かも知れません。

（2）ヘディングの基本練習

　はじめは、自分で真上にボールを上げて相手に返すようにします。ボールを下から両手で支え、投げ上げると同時に上体を反らせばいいのです。この時に首の緊張がぬけて顎が上を向かないように注意します。「あご、あご、あご」と呪文のように唱えながら上体をのけ反らせると効果的な場合があります。

　前節でも説明しましたが、初心者の場合、ボールを見た途端に予備練習を忘れてボールを中心視してしまい、顎が上がってしまいます。ですから、私は、その場でボールを投げ上げて見る練習をさせます（**図Ⅱ-4-16**）。この時、ペアの相手に顎が上がっていないかチェックさせ、両方が合格してから実際に相手に返す練習をさせることにしています。

　うまく返せるようになったら、4、5m離れたところから山なりのボールを出してもらってヘディングします。山が適度に高い方が合わせやすいです。頭突きやおじぎにならないように注意します。おじぎになるのは、バックスイング後にボールを見ないで顎を引いたスイングをしてしまうからです。ボールを見続けることと、頭が肩の上まで水平移動する感覚を意識させるといいと思います。頭突きになるのは、構えの時に上体の反りがない状態で、顎を引いてボールを上目づかいで見ているからです。

　ボールを投げる人は山なりのボールを出す必要がありますが、両手で持って下手投げで正確に出すのは結構難しく、ヘディングする人も場所を移動する必要があります。そのため、慣れない動作に過度の注意が向いてボールの落下点にうまくは入れない人も少なからずいます。その場合は、「頭を振らなくてもいいから落下点に入って額にボールを当てるだけでいい」と言って、落下点に入る練習を、予備練習として行わせます。クラブの初心者指導ではできない場合にだけ導入する練習ですが、初心者ばかりの授業では、必ずこのメニューを入れることにしています。

　このヘディングは、バレーボールの経験者にとっては簡単なようです。ですから、投げられたら、手でバレーボールのオーバーハンドパスの構えを作って両手の間からボールを見て、その手を引きながらボールに当てる練習も有効で

図Ⅱ-4-16　構えてボールを見る練習

左のように顎を引いたままで上目使いでボールを見ること。右のように何気なくボールを注視すると首の力が抜けて顎があがる。

す。

(3) ヘディングの応用練習

　基本練習の姿勢をジャンプして空中で行うとジャンプヘッドになります。空中にジャンプする時は腕を引き、足も後ろへ曲げます。そして、上体と足を前に投げ出すことによってボールへの接近をはかります。足が前に行かないと、頭も前進しません。見積もりより少し早めにジャンプするとちょうどよいタイミングになります。

　方向変換をともなったヘディングには、上体を変換方向に向けて構えたり、肘をひいてねじりながらインパクトしたり、頭の横で当てたり様々な方法がありますが、全てをマスターするのは難しいです。ましてや、接近戦でも安定して使えるようになるのは並み大抵ではありません。いろいろやってみて、自分にフィットする方法に磨きをかけて得意技を１つ身につける方がよいでしょう。ただし、正面のヘディングが十分に安定して行えるようになるのが先決です。そうすれば、すぐに応用能力も身につくはずです。かっこいい特殊な体勢でのヘディングシュートに時間を費やすよりも、上体の反りを効率よく使った

ヘディングのフォームを身につけることが第1でしょう。

　トラップ同様、ヘディングも、基本練習が終わったら、前後左右に投げてもらって落下点に早く入って構えてヘッドする練習が必要です。また、他の選手を立たせたり、競り合ったりの練習も欠かせません。

　ところで、ヘディングには、身体を反ってその反動で行うほかに、ボールに対して直線的にジャンプして当てるヘディングもあります。これは、ディフェンダー（DF）がゴール前でボールをクリアする場合に多用されます。この方が早くボールに触れますので、同じ条件で競った場合、頭をバックスイングさせてゴールを狙うフォワードに競り勝つからです。さらに、インサイドキックと同じように、ヘディングの動作を巻き戻せば、頭によるトラップになります。これらの応用技術は本書の範囲を超えますし、私もできないものが多いので、プロの書いたの指導書を読んでください。

第5節 ▶ 立ち足のバランスの重要性とドリブル

1 ドリブルとキックの違い

　基本的なドリブルは、インサイドでのドリブルです。ドリブルもキックも踝の内側でボールを押し出してボールを自分よりも前に移動させるという意味では同じです。しかし、キックの場合、ボールは自分の身体からどんどん離れていきますが、ドリブルの場合は、身体から離れては困ります。ドリブルの原則は、常にプレイングディスタンス（PLAYING　DISTANCE：すぐにプレー出来る距離）にボールをキープすることです。したがって、ボールを蹴りながらその方向へ動いていかなければなりません。

　ところが、キックの場合は、助走スピード（腰の動き）を止めることにより、その下の脚のスイングスピードを速めてボールにインパクトします。初心者には、立ち膝を曲げて押し出す時に蹴り足を地面に着かないように指導しているので、通常のキックではボールを蹴る時に上体が起きてしまいます。このキック方法でそのままドリブルすると、ゆるくボールを蹴ったとしても、ボールだけが前に進んで、キッカーは上体を再度前傾させなければ次の１歩を踏み出せません。

　これでは、蹴ったボールが身体から離れてしまいドリブルになりません。キックのところで解説した「蹴った後も立ち足１本で立っていろ」という指導は、かかとの押し出しを体得させるためには有益な指導法ですが、ドリブルに移る時には弊害になります。

　蹴ったボールのスピードが速いとプレイングディスタンスよりも遠くへボールがいってしまうので、膝下の動きは「蹴る」というよりも「押し出す感じで処理する」と意識した方がよいと思います。このことを頭に入れて、ドリブル

図Ⅱ-5-1　キック練習時の押し出しと（上）とドリブル（下）の押し出しの違い
①から押し始め、③でボールが足から離れ始める。その後、④で右足を着地しないのがキックの練習、足をそのまま地面につけて④で立ち足を1歩踏み出すのがドリブル。

の原理を考えてみましょう（図Ⅱ-5-1）。

　静止状態で立ち足の真横にボールを置いてキックの導入練習と同じように片足で立ち、そのまま押し出すと、スイングする下肢のエネルギーは使えないので、腰中心の回転でしかボールに力を加えられず、上体が反ってしまいます。そこで、キックと同じ体勢から、キックと違い、伸び上がらずに、そのまま立ち膝を曲げて身体全体を前に沈み込ませれば、50kgほどの物体が前に移動するので、軽いボールは押し出されます。しかし、上体がそのまま沈み込むので、蹴り足は地面に着いてしまいます。

　キックの基本では、この時「蹴り足を地面につけるな」と説明しましたが、今度はそのまま蹴り足を地面につけてしまえば、それが次の1歩となって前に

図Ⅱ-5-2　基本的なインサイドドリブル

ボールに右足を触れて（①）、その足を歩くように地面に付け（②-③）、左足をボールより前に踏み出し（④-⑤）、⑥で次のサイクルに入る。

転がるボールに近づくことになります。ボールスピードが遅いので、ボールの前まで立ち足を踏み込むことができ、立ち上がった時に再度同じフォームが作れます。これを繰り返せば、基本のドリブルになります（**図Ⅱ-5-2**）。

ところで、考えてみればすぐわかることですが、ドリブルしようとして走るフォームで着地したあと、走り抜けるように地面を蹴らないでも、そのままインサイドキックの足形で反対足で構えるだけでは、勢いがあるのでキックになってしまいます。そこで、踏み込み足の筋肉に力をいれてゆっくり倒れながら踏んばる必要があります。

また、身体が倒れながらボールを押し出すということは、図にあるようにボールを押し出し始める位置が立ち足の位置だということです。ただし、このドリブルは、進行方向左から敵が近づいてくることを前提にしています。したがって、図の③の時点で左からの敵にボールを突っつかれないようにすぐに左足を出して④のようにボールを隠しながら次の⑤で着地します。そのためにはボールの位置をこの基本よりも後ろに置いて立ち足でボールを隠すようにしてプレーします。そうするとこれも、必ずボールの真横に立ち足を置いて蹴りなさいという初心者指導の原則と反します。さらに、速く移動させるためには倒れながら長く押す必要があるので、何度も強調している片足でバランスよく立つ能力が必要になります。そして、これを難なく繰り返せるようになると、インサイドドリブルの完成ですが、この押し出しを1回だけ入れて蹴ると、前に説明したトラップを入れたインサイドキックになります。

この立ち足で踏んばる技術は、特に重要です。なかでも、インサイドキック系の技術にとっては不可欠な要素です。**図Ⅱ-5-3**にインサイドドリブルでの

① ② ③ ④ ⑤ ⑥ ⑦

図Ⅱ-5-3 基本的な8の字ドリブル

左足をボールより前に少し左を向けて踏み込み（③-⑤）、⑤-⑥でボールの斜め前から右足で押しながら着地し、⑦で次の左足を着地して次のサイクルに入る。

ターンのやり方を示しましたがこの図の⑤でボール方向を変える時にバランスよく立ち、動いているボールの前に右足を持っていく技術（動き）が求められます。実際の試合ではこの図のコーンが相手チームの選手になりますので肩や腰で押されることになります。このように片足で踏ん張っている間に蹴り足でボールを様々に処理することが苦手な選手は、動作中に横から押されたり足を地面にとられたりしてバランスを崩した状態になると何もできなくなります。そこで次に、立ち足で踏んばる技術が様々なボール処理技術でどのように生かされているかをみてみましょう。

2　立ち足のバランスの重要性

　図Ⅱ-5-3は一番簡単な右足で左にターンする課題です。でも、蹴るのではなく押す必要があるので、ボールの右側に右足を持っていって、内踝で左に押し出す必要があります。そのためには、ボールに触る時の立ち足の膝をより深く曲げる必要があり、その位置でボールに触ったら、今度はより深く曲げながら、腰を左に沈める必要があります。そして、左に沈みながら右足を着地させることで次の一歩が出せるようになります。初心者の8の字ドリブルが大きくなってしまうのは、押し出す足をボールの真横にまでもっていけないことが原因ですので、そういう人には、かなり前に置いた静止ボールを真横に押し出す

予備練習が有効です。

　立ち足で立ち続けるバランス感覚はドリブルだけでなく、キックの場合も重要です。

　インサイドでライナー性のボールを蹴る時には、第3節で説明したように、蹴り足の膝の高さを微調整して踝の真ん中で当てますが、この時も、片足で安定して立つことが重要です。強いボールが低いバウンドで飛んできた場合は、いいかげんでもいいから膝を適当な高さに上げて少しタイミングを遅らせて立ち膝を曲げるだけで蹴る（立ち足の曲げで押す）とあまりバウンドしないボールを蹴り返すことができます。ボールを押すタイミングを遅らせることにより基本的なインパクト面を下向きにし、膝を上げることによりインパクトの位置を内踝のまん中か少し下にするわけです。そのためには、つま先を立てて構えた蹴り足の足首をバウンドに合わせて上下させるのに十分な時間、立ち足1本でバランスよく立っている技術が不可欠です。また、ボールの来た方向でないところに蹴る場合は、立っている間に「意図した方向に内踝の面を向ける動作」が加わります。そのような動作が加わっても安定して立ち続け、その方向に沈み込むことで、正確なキックができます。

　バランスを崩しながらも立ち足1本で立ち続ける技術は、立ち足から遠いところのボールを蹴ったりトラップしたりする時にも重要な意味を持ちます。前節までの技術練習では、「蹴る時の立ち足はボールの真横にくるように置け」、「足のトラップの時は自然の状態で普通に蹴り足を伸ばした時にコンタクトできる位置まで立ち足を移動してフォームを作って構えろ」、と指導してきました。

　しかし、実際のゲームではそうばかりいっていられません。たとえば、トラップしたらすぐに敵が寄ってきた場合は、2歩で蹴ればちょうどよいところをステップなしで無理に蹴れなければなりません。

　そこで、左後ろから来たボール右足で蹴る場合を考えてみましょう。この時、ボールは蹴る時の立ち足である左足の前20〜30cmのところを通って、それよりも前に出てくるので、立ち足の50cmぐらい前のボールを蹴ることになります。その場合は、腰をボールの真上まで我慢して持っていって蹴ることになりますから、立ち足のバランスをとって上体を真っ直ぐにしたままでそこに腰を

図Ⅱ-5-4　立ち足から遠いボールのキック
②－③と蹴り足を前に振り出す間、立ち足でバランスを取りながら腰を前に動かし、④のインパクト時に沈み込む。

持っていく技術が必要になります（図Ⅱ-5-4）。

　それ以外にも、たとえば、右足でボールを自分の50cm前にトラップしたとしましょう。この時は左足に体重があるので、通常は、右足を地面について重心を移動し、次に左足をボールの真横におき右足で蹴れば、正確なキックができます。しかし、それでは迫ってくる敵にボールをとられてしまうかも知れません。とられないまでも、蹴ったボールをカットされる可能性は高いです。そこで、トラップした右足でそのまま蹴る必要も生じます。こうすれば、ステップを入れない分、キックまでの時間は短くて済みます。この時は、立ち足から離れたボールの上まで膝をもっていって前に倒れながらも時間を稼ぎ、腰がボールの上に来た時に、第3節で説明した回転押し出しで蹴ります。これができるためには、立ち足の時間稼ぎの支えが不可欠です。インステップキックの場合は蹴り足の膝をボールの上まで持っていきます。

　この立ち足での支えが、指導書によく書かれている「蹴った足が次の第1歩になるように」という言葉で表現されているプレーにつながる技術です。インサイドキックで蹴った足でダッシュする場合、ドリブルに入る時のように前傾しての少し強めに踏み込んでバックスイングをとり、ドリブルでボールを前にもっていく時に使う押し出す動作を少し強くする意識で倒れながらも軽くスイ

ングをきかせて蹴ってしまいます。そうすると、腰はそのまま前に移動しているので、蹴った足が着地すると、前傾状態が保たれたままで、それが次の1歩となり、そのまま地面を蹴って前進できます。強くスイングしてしまい、「強い押し出し」が「強い蹴り」になると蹴った後が棒立ちになり、着地後に上体を再度傾けて直さないとボールを蹴った足で地面を蹴って走り出すことができませんので、注意してください。

　このようなバランスをとったりバランスを崩しながらも片足で体重を支えたりする技術は、前節までに説明したボレーキックやトラップの時にはより重要です。立ち足の腰、膝、足首の関節を調整して蹴り足の膝をボールに対して対処可能な範囲にもっていければ、ボールが立ち足のすぐそばに飛んでこなくとも、ボレーキックしたり、足でダイレクトにトラップしたりすることが可能となります。

　たとえば、走りこんできてインサイドでそのままボレーキックする場合を考えてみましょう。走ってきて着地した足で体重を支え我慢して立っていると上体がゆっくり前に移動して、立ち足となります。身体の重心が前に移動し続ける間に空中にある足で膝下の構えを作り、ボールを膝下に呼び込んで内踝で押せばライナー性のボールが蹴れます。支える力を調整して、打点を前後に変えて蹴るボールの高さを調整することもできます。走り込んだ前方にボールがくれば移動スピードを抑える必要がなく、構えた全身が固定されてそのままボールにぶつかるので強いシュートになります。

　蹴り足の構えが重心移動中もきちんととれていれば、蹴り足の膝の位置を調節するだけでボールの空間的調整が可能であり、いつでもキック動作が開始できるのでタイミングの調整もやりやすいです。参考に、カズ選手のボレーシュートのフォームを示します（**図Ⅱ-5-5**）。走り込んで踝にインパクトさせるだけで蹴っています。ボールの上に膝を持ってきてライナー性インパクト後に膝が振り出されていないことを確認してください。このボレーキックがコンスタントにできるためには、意識しなくても膝下の構えがとれるようになるまで基本的なインサイドボレーの繰り返し練習が必要です。ただし、走ってきた場合は、ボレー位置は立ち足よりずっと前であるし、蹴った後は立ち足では立っていられないので、基本的な方法（立ち足の真下でインパクトして、蹴り終わっても

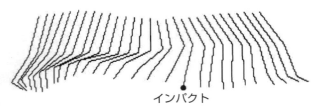

図Ⅱ-5-5　カズ選手のインサイドボレーキック

フランスW杯アジア予選ウズベキスタン戦のシュート映像から作成。腰中央と、右足の膝、踵、つま先を結んだスティックピクチャー。カメラが動いているテレビのニュース映像からの計測のため、腰が水平方向に等速で動いていると仮定して作図した。

片足で立つ）で苦もなくできるようになったら、前後左右上下に球を散らしてもらって同じように蹴る練習が必要です。

　次に、同じようなライナーボールへのインサイドトラップを考えてみましょう。原理や練習方法は前節で説明しましたが、片足で安定して立つことの意味を再度考えてみます。原理的には、インサイドボレーのインパクトの瞬間の形で構え、向かってきたボールとのインパクトの瞬間に足を少し後ろに引けば止められます。インパクトの瞬間に立ち足を少し伸ばせば内踝は引かれますが、トラップの構えで静止して待っていると速いボールの場合は伸び上がりが遅れてしまいます。そこで、ボールに対してゆっくり足を近づける意識で動作して、インパクトの瞬間に止めるようにします。その理由は、ボールなしで動作して、蹴り足の動きに注意して見ればわかります。片足で立ったままで蹴り足を前に動かし、その動きを一瞬で止めようとすると、ゆっくり動かしていても、自然に立ち膝が伸びているはずです。そして、少しだけ足が後ろへ動いて、足を引く動きになっていることも観察できるはずです。

　これは他の部位も同じです。トラップする部位でボールに当てに（迎えに）いって、当たる瞬間に当てることを止めるという意識で動作を止めると、ほとんどの場合、うまくいきます。飛んでくるボールに対して、トラップする身体部位をゆっくり当てにいって、当たる瞬間に「ヤーメタ」とすれば、大体の場合成功します。そうすると、ボールは、意図した方向に転がるはずですが、この「ヤーメタ」の時に安定して立っていられることは、ボールが当たる位置を

微調整するためだけではなく、次の動作につなげるためにも重要なのです。安定していないと、その方向に次の1歩を踏み出せなくなるからです。上体が安定していれば、ライナー性のボールが飛んでくる方向に走って近づき同じ動作をすることで、トラップしてそのままドリブルすることも可能です。

　この伸び上がり原理がわかれば、アウトサイドのトラップも簡単です（**図Ⅱ-5-6**）。この図では左足を少し横に出して左から来たボールを迎えに行き、ボールが当たる瞬間に、伸び上

図Ⅱ-5-6　アウトサイドのトラップ
左足のアウトサイドをインサイドキックの足形で少しだけ持ち上げてボールを迎えに行き、当たる瞬間に少し伸び上がれば自然に股間が閉じてボールスピードを殺せる。

がってボールが当たる部分を引いています。伸び上がる時に左足の前脛骨筋以外は力を抜いてバランスをとると、左足は自然に元の位置に戻ろうとして引かれます。いずれにしても、足のトラップの基本は、ボールを迎えにいって、当たる瞬間にその動きをやめる（力を抜いてバランスよく立つ）ことで足に戻る動きが生じてボールが吸い付くという原理であることを理解して練習してください。

　ところで、インサイドトラップに関して、初期段階の説明では、インサイドキックの終了時のフォームで構えて、ボールが蹴り足の足首に接すると同時に立ち足を伸ばしながら蹴り足の踵を引けと指導したのを覚えていますか。これは踵を引く感覚を覚えさせるためですので、うまく立ち足だけで立っていられるようになれば、立ち足を無理に伸ばさなくても、ほんの少し前に構えほんの少し伸び上がるだけで十分です。その分、外から見るとわかりづらくなりますので、指導者はオーバーアクションができるようになる必要があります。

3 インステップキックと立ち足のバランス

　これまでは、インサイドキック系の技術を中心に述べてきましたが、膝下の振りを中心とするインステップキック系の技術でも、立ち足のバランスは重要です。インステップキックをやらせると、常にゴールキックのように大腿もテイクバックするフォームで蹴る人がいます。私の大学でも少なくありません。その多くは高校までに部活動の経験があります。確かに、そのように蹴れば強い球が蹴れますが、この動作はキックまでの時間が長くかかり、ゴール前でのシュートには使えません。インパクトまで時間がかかるし、蹴るコースも特定できるので、守りの選手がじゃましやすくなります。さらに、それだけ早い時点で動作を開始しなければなりませんので、動くボールを蹴る場合は、イレギュラーバウンドなどへの対処が難しくなります。

　また、アウトサイドでのキックは、インステップキックの変形で、膝下のバックスイングを真後ろではなくやや内側にとります（**図Ⅱ-5-7**）。つま先を伸ばしたまま膝を斜め前に押し出しながら膝下を振り出せば、立ち足の斜め前にあるボールは足の甲の外側に当たり斜め前方へ飛びます。

　このキックをする時も、立ち足のバランスが重要です。普通のインステップキックよりも蹴り膝をやや外に開いて内側にバックスイングをとるので、普通に立っていたのでは踵が立ち足のふくらはぎにぶつかってしまいます。その時、蹴り足の甲が立ち足に当たらないためには、立ち足をボールから後ろに離して踏み込む必要があります。そして、膝下の斜め外側へのスイングが終わるまで、我慢して立ち足で倒れようとする体幹を支え続けます。

　通常の試合では、ドリブルしながら前進していて敵が来た時にアウトサイドで横に出して、パスアンドゴーで走り抜ける時によく使われます。反対側へのパスアンドゴーの時はインサイドキックが使われますが、アウトサイドの方が走りに近いフォームで蹴れるので、キック後のダッシュがスムーズにできます。したがって、利き足でない方のキックも練習するとよいでしょう。

　浮き球のクロスに使うインフロントキックや短い距離でちょこっとボールを浮かす時に使うチップキック、アウトサイドにひっかけてけるアウトフロントキックはこれまで駄目だと言ってきた腿もバックスイングさせますが、蹴り足

図Ⅱ-5-7　アウトサイドキック

②③と蹴り足を斜め前に動きしながら膝下を右前方にスイングさせ、その間立ち足でバランスを取りながら腰を斜め前に動かし、④のインパクトを迎える。

に重心を乗せてキックが終わるまで安定して立っていることは同じです。

　チップキックは、足首を少し曲げて足の指はグーの握りにして、指の付け根あたりで缶けりをするつもりで蹴ればいいでしょう。ただし、ボールが当たる位置はボールの中心ではなくもっと下です。楔（くさび）を打ち込むように、と表現される場合もあります。膝下のするどい振りでボールに逆回転をつけてふわっと上げます。足首を軽く伸ばしてボールを掬（すく）うように振り抜く方法もありますが、いずれにしても片足できちんと立てて膝下の振りができれば、そんなに難しくはありません。

　インフロントキックは、第2節の最後で説明したように、立ち足をボールからやや離して蹴ります。離していますので、必然的に腰が立ち足を中心とした縦軸のまわりに回転する動作となります。しかし、立ち足をボールから離して置いただけでは、インフロントキックにはなりません。蹴ろうとして踏み込んだ瞬間には、重心が踏み込んだ足よりも少し後ろにありますので、そこで、力んで完全に踏ん張ってしまうと腰の動きとフォアスイングが一旦止まってしまいます。立ち足を着地して全身の力を抜いて片足で立っていると、腰、すなわち、身体の重心が立ち足の真上まで移動してきます。助走スピードをこらえているだけで、立ち足のつま先が左を向いているので、腰は自然に左回転します。ここで、立ち足できちんと体重を支えて蹴りながら身体全体を前に持っていく

ことで強いボールになります。ただし、斜めから入ってつま先を左に向けているので、ボールは左方向に出され、上体だけが前方に動きます。この「身体の前方移動」について、中西哲生の『新・キックバイブル』では、キッカーはそのまま柔道の前受け身のように前転する方法を奨励しています。前にも強調しましたが、蹴る方向へ身体を預ける（その時の説明では身体を預ける方向はボール方向でしたが、今回は蹴る方向とボール方向が一致しないため回転しながら傾く）技術は重要です。

　前にも説明しましたが、助走スピードをつけて踏み込んで、なおかつ立ち上がったら、本当は前方に倒れてしまうはずです。インサイドキックやインステップキックの初歩の段階で立ち上がりを入れるように指導したのは、実は、このこらえの時間感覚と捻れが戻る感覚を獲得させるためでもあったのです。立ち足を着地した後でこころもち時間をおいてスイング動作に入ればいいです。

　ところで、インフロントキックでは、足が回されてくることから、インパクトする面は足の甲のやや内側になることは、当然理解できますね。また、少し足首を曲げたままで蹴るのですから、当たる位置はインステップキックの時より前方になります。曲げるといっても、ふらふらしていては強い球が蹴れないので、軽く伸ばすぐらいの感覚でいいです。このあたりは、自分で工夫してみてください。ここまで練習すれば、後は自分の努力で自分流のうまい蹴り方を創造できるでしょう。この創造する努力がサッカーでは特に大切なのです。

４　ドリブルと立ち足のバランス

　本節のはじめに説明したように、ドリブルでも立ち足のバランスが重要な働きをしています。いや、ドリブルはバランスそのものかも知れません。ドリブル中は常に腰の下でボールを扱いますが、立ち足の真上に腰があったのでは何もできません。常に腰が立ち足よりも前にある状態で、立ち足でこらえながら蹴り足の動作を行っているのです。

　棒立ちで蹴り足を前に伸ばすと、出した足で横に払うだけの時間的余裕がなくなります。初心者にやらせると膝を曲げてバランスをとることがなかなかで

きませんので、ボールの真横に蹴り足をもっていくことさえできず、直角に方向を変えるのに5回も6回もボールにさわらなければならなくなります。この例はまったくの初心者なので特殊例ですが、倒れながら踏んばってバランスをとることがいかに重要かを示しています。

　立ち足の前にボールを置いて倒れながら踏んばることによって、膝の下にボールがある時間が長くなり様々な動作のスピードに変化をつけたり動作自体を途中で変更したり（たとえば、蹴るつもりを途中でやめるとキックフェイントになる）が可能になります。

　キックフェイントに限らず、足で行うフェイントは、蹴る動き（キックの変形であるドリブルの動き）を立ち足でこらえて中止して別の動作に移るのですから、立ち足でこらえる時のバランスが悪ければ、次の動作ができません。ボールをまたぎ越すフェイントは、横へ蹴る動作の途中から意図的な押し出しを中止して、持ち上げた蹴り足の靴底がボールをまたぎ越すまで、足が地面に着くことをこらえていなければなりません。はじめから立ち足の膝を伸ばしたままでやれば簡単ですが、それでは見破られてフェイントになりません。最近の研究で、熟練者は、このまたぎ越す動作の間に立ち膝が曲がり続けるのに対して、初心者は、途中から膝伸ばし動作に替わっていることがわかりました。立ち膝が曲がり続けて着地することで、膝を曲げた踏ん張りがきき、次の動作、つまり、逆方向への踏み出しが素早く、また強くなるのです。

　蹴る動作を中止してボールの上に置いてボールを止め、足の裏で引く引き球で逆方向へドリブルするテクニックはプロ選手では当たり前ですが、初心者には結構難しい技術です。この時は、さらに1歩前に進むと見せかけて、押し出すべき足をちょっと上げてボールの上に置きます。この時、9割がたの体重が立ち足に残っていないと、足首のスナップを利かせたすばやい引き球はできません。立ち足の膝を曲げて前への重心移動をすばやく止めるのがコツです。

　引き球は、方向転換だけではなく、敵がボールをとりにきた時に、自分の後ろにボールをもってきて捕られないようにするのにも有効な技術ですので、しっかり憶えておいてください。前（あるいは斜め前）に突進していって引き球を使えば、相手は前進をくい止めるのにやっきとなりますので、簡単にマークしてきた相手を遠ざけることができます。そうすれば、余裕をもってパスす

図Ⅱ-5-8　引き球の基本型（上）とジャンプ型（下）

相手が併走していることをイメージし、①でドリブルのスピードアップフェイントを入れ、②で腰を落としながら体幹を回して足裏で球を引き、そのまま着地して、③のように左足で押し出すのが基本形。下は、①の直後にジャンプしながら、②のように足首のスナップでボールを後方に蹴り出しターンするジャンプ型。

べき味方選手を探せるはずです。この基本動作を図Ⅱ-5-8上に示しておきます。ボールの上に足裏を置いて、腰を後ろに落としながらボールを引きます。そうすると、ボールを引いた足がそのまま地面について、その近くにボールが置かれますので、ボールを引いた時の立ち足でそのボールを押せば、普通のドリブルになります。

　ボールを足裏で引いて方向転換する技術は、実は２つあります。もう１つは、図の下に示したボールの上に足裏を置いて足首のスナップをきかせて強く引く方法です。この場合、ボールスピードが速くてなって、ボール自体は自分の後方に離れていきますが、素早くターンしてボールを確保できます。この方がターンのスピードは速くなりますが、ボールが離れるので、密集地帯でドリブルする時は普通に引き球の方が有効です。ですから、状況によって両者を使い分け

るようにしてください。

　また、最近は、フットサルの影響からか、足裏でボールをなでるようにして移動させる技術が盛んに使われるようになりました。前後だけでなく左右のドリブルにも使われています。横移動にこの技術を使うとスピードは遅くなりますが、フェイントを使った逆方向へのターンは簡単になります。ただし、立ち足でバランスよく立つことがより大切になりますので、これまで述べてきたドリブル技術がある程度できるようになってから、挑戦してみてください。

　ドリブルの注意はこのくらいにしますが、どのようなドリブルフェイントがあるかは、立ち足で立つ感覚をイメージしながら、雑誌や一般の指導書を読んで勉強し、あるいは、自分で考えて工夫してみてください。基本的には、キック動作を入れたフェイントと、ドリブルする（ドリブルを始める、あるいは、ドリブル方向を変える）と見せかけたフェイントに大別されるでしょう。

5 キックの延長としてのタックル

　ドリブル同様、タックルもキックの延長です。タックルの基本動作を**図Ⅱ-5-9**に示しました。図は、上から下へ徐々にボールを遠ざけた場合の動きの変化を示しました。最上段に示したボールが近い場合のタックルは立ち足より前のボールをキックした時のフォームと同じです。実際のゲームでは、下に示したようにボールを持った選手と向かい合います。ドリブルでのもっとも簡単な抜き方は利き足のインサイドで横へ抜くことですので、それに対して斜めに構えた低い姿勢からインサイドキックの要領でボールを取りに行くのがもっとも基本的なタックルです。

　ボールを蹴る時に上体をジャンプさせずにスライドして立ち足をボールの横に置くように注意しましたが、タックルの時は、この立ち足にあたるのが、斜めに構えた前の足です。したがって、この足に重心をかけるともに、膝を曲げて低い姿勢のままで身体全体が前にスライドします。そしてインサイドキックと同じ膝下の押し出しでボールを捕らえて全体重をタックルした右足にかけます。つまり、ボールが立ち足よりも前の時のインサイドキックを極端にやれば

第5節 ▼ 立ち足のバランスの重要性とドリブル

図Ⅱ-5-2のキックを素早く

ボールが遠いと前足に体重がかかる

より遠いと最終的にはスライディングタックルになる

① ② ③ ④

図Ⅱ-5-9 タックル動作と実際の動き

実際のタックルでは③の場面で右足に全体重をのせること。

よいのです。

　しかし、敵が足元に置いているボールに対して普通に立ち足をボールの近くに持っていってインサイドキックを試みれば、**図Ⅱ-5-10**の上にあるように立ち足を踏み込む時にボールを移動されてしまい蹴れません。ボールから遠い

図Ⅱ-5-10　タックルとキックの違い
上のように、キックと同じように近づくとタイミングを読まれて外される。

ところに立ち足を着いてバックスイング抜きですばやく蹴り足を伸ばせば、なんとかタックルらしくなります。しかし、いくらボールから遠くても、立ち足を着いた時にタックルを読まれてしまうので、ボールは捕れません。

　そこで、図の下にあるように、はじめから立ち足を着いた姿勢を取ります。そして、後ろ足に体重をかけておいて、タックルに行くと決めたら、すぐに前足に体重を移動して、後ろ足でボールを取りに行きます。キックの場合は、体重を立ち足で支えているうちに蹴り終わりましたが、タックルの時は、蹴りながら（内踝でボールを押し出しながら）体重をその蹴り足にかけることです。

　この時、ボールは相手の蹴り足と自分の蹴り足の間にありますので、ボールをはさんで蹴り合い（引っかけ合い）することになります。ボールが間にありますから、そのまま相手を倒してもトリッピングの反則にはなりません。ボールを持っている相手は、タックルにきた人の足ごとかっさらって横へボールを持って行きたいのですから、それに負けないように、体重をかけて踏んばる必要があります。そうすれば、相手が倒れて自分のボールになるか、最悪でも、どこかへこぼれてルーズボールになります。いままで敵のボールだったのが敵のボールでも味方のボールでもない状況になったのですから、タックルは成功したことになります。

初心者にインサイドキックの後でこのタックルの練習をやらせると、どうしてもインサイドキックのように1歩踏み込んで蹴ろうとします。これではすぐにタックルのタイミングを見破られてしまいます。後ろの足に体重をのせたままで前足をちょこちょこ出してタックルに行くフェイントを見せて近づき、実際にタックルに行く時は前足は出さずに、すぐに後ろ足で地面を蹴って体重を前に持ってきます。この時、前足の膝を曲げてスライドするように体重を移動させる技術は、インサイドキックの時の立ち足の踏み込みの技術と同じです。

スライディングタックルもこの立ち足の移動の延長です。インサイドでのスライディングタックルはインサイドキックのフォームで最大限にスライドしてボールを捕らえることであり、アウトサイドのスライディングタックルは、インステップキックの変形であるアウトサイドキックのフォームで最大限にスライドしてのボールへのアプローチです。このことを理解していれば、練習の効率が上がるはずです。どうしてもうまくできない人は、立ち足から遠いボールに対してのインサイドキックやアウトサイドキックの練習にたちかえって体重の移動を確認するとよいでしょう。

そのほかに、ドリブルで自分の横を抜こうとしている敵の走る方向の前に滑りこんで横になり、ドリブル方向全体を封鎖するタイプのタックルもありますが、これらは技術系統が異なる（片足で立つ技術よりも野球のベーススライディング技術の系統と思われる）ので、皆さんへの宿題にしておきます。ただし、全てのタックルに共通する倒れた上体を支える手の着き方の注意として、手の指を倒れる方向に着くと骨折の危険があることをあげておきます。

最後に、タックルと関連して、ボールを取りに行く技術としてショルダーチャージを説明しておきます。ルール上、肩と腰の線で相手の同じ部位を押すことは認められています。したがって、ドリブルしている相手に並走して相手を走るコースから押し出して自分のボールにすることは可能です。ただし、相手もそのことはわかっているので、なかなか押させてくれません。相手はドリブルしている分だけ動きの自由が制限されているので、少しでもボールが体幹から離れた時に相手とボールの間に身体を入れてしまう（相手に近い足を相手とその前のボールの間に入れる）のがうまいやり方です。逆に、自分がボールを持っている時は、入り込まれないように肩と肘を伸ばした手を使って相手を

妨害します。ただし、手で相手を倒すと反則ですので、手は伸ばして固定するだけにして相手を払うように力を入れてはいけません。また、チャージする時、足だけで取りに行って腰が入っていないと簡単に飛ばされてしまいます。さらに、肩だけで行くと相手の脇の下に入ってチャージングの反則を取られますので、注意が必要です。

　はじめの練習は、ボールを持たずに並行して走って肩と肩を触れ合って押してみましょう。これは、押す感覚をつかむ練習です。その後は、1人がドリブルし、もう1人が肩で押したり手で身体を軽く押したりしてバランスを崩すプレーをして、ドリブルする人は、むしろ相手を押すようにドリブルする感覚をつかみます。

　併走されてもボールをキープしながらドリブルする感覚がわかったら、2人で併走しながら、1人がドリブルし、もう1人が併走してボールと相手の前に入ってボールを奪うことを交互に繰り返します。ドリブル中にボールを前に1回蹴れば、必ず少しボールが離れます。そして、蹴った足が地面に着くまでは次の動作ができません。その時が身体を入れるタイミングですので、それを意識しながら練習してください。相手がちょっとボールを前に離しすぎたと思った時に身体を入れるのがコツです。はじめのうちはお互いに簡単に取らせてあげるようにして、ボールと相手の間に片足を割り込む感覚とその後で身体全体を入れて後ろからの押しに耐える感覚を覚えることから始めるといいでしょう。

　慣れてきたら、ドリブルする方も押されないような体勢でドリブルし、どのように押せばすばやくできて力が入るかを自分で体得しましょう。また、相手の状態についてもよく観察し、バランスを崩した時や自分と反対側の足の着地時のような走りの1サイクルの中で相手がバランスを崩しやすい時期をねらってみましょう。自分に近い方の足から遠い方の足に体重を移そうとした時（外側の足が着地する時）は、重心が外側へ少しだけ移動するタイミングなので、押しやすいです。

　基本練習としては、立ってる人がボールを持ち、その周りを回るようにします（図Ⅱ-5-11）。立ってる人は徐々に力を入れてドリブルする人の肩や腰をボールで押すようにします。ドリブラーはそのボールを押し返しながら回りま

す。ボールを取られないようにするために、図にあるように立ち足が常にボールと相手の間にあるようにして移動します。

　引き球を使うとみせて急に前進するのもありですが、上級技術ですので、平行してドリブルしても取られないようになったらチャレンジしてみてください。

図Ⅱ-5-11　ドリブルの対人基本練習
足を直角に開き、左足でボールを隠して進む。補助者はボールで身体を押しながら回転するので、そのボールを押し返しながら回る。

6　まわりを見る技術

　これで技術の習得に関した説明はだいたい終わったといっていいでしょう。練習の時に注意すべき点もわかったと思います。練習の時の心得は後でまとめて書くことにして、1つ残った問題は蹴ったりドリブルしたりしている時にどこを見ていたらよいかということです。私はこの「どこをどう見るのがよいか」ということに関する指導が大切だと思っていて、いくつかの論文でそのことを書いていますが、私自身が指導書でそのことを書くとなると、やはり困ってしまいます。私自身の体験だけだとひとりよがりになってしまうし、他の人の書いた指導書を見ても、あまり書いてないからです。

　しかし、1つ言えることは、ドリブルの時にボールばかり見てはいけないということです。ボールよりも前方4、5ｍのところを見ながらドリブルすることです。理科の生物の時間に目の構造と働きを習ったことを思い出しましょう（図Ⅱ-5-12）。目はレンズですから、注視しているものだけではなく、それ以外の近くにあるものも網膜には写っています。ですから、ボールの先の地面を見ると、目の下にちらちらボールらしきものが感じられるでしょう。この状

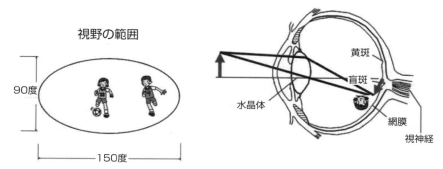

図Ⅱ-5-12　目の構造と視野

ボールを注視しても、近くの人や物質も網膜に映っている。2人の中間に視点を持ってくると、ドリブルに対する対処能力は落ちるが、パスするかどうかの判断がしやすくなる。

態でドリブルすれば、まわりも見えるし、近づいてくる敵を早めにキャッチできます。したがって、はじめから、この状態で練習すべきです。まずは、なるべくボールを見ないでできるだけ前方の地面を見てドリブルしてください。視野の下の方にボールがチラチラする状態でまっすぐに続けられるようになるのが第1の目標です。

この時のために、もう1つのドリブルを覚えましょう。グランドの反対側に人を立たせて両足でボールを切って進むドリブルし、その人が上げる腕の方向に斜めにドリブルしながら前進する練習もいいかも知れません。逆の手が上がったのもわからずに方向転換しなかった人はその場で腕立て10回です。

この時は前へのドリブルですので、インサイドではないもう1つのドリブルを覚えましょう。図Ⅱ-5-13に示したのがそれです。私は大根切りドリブルと呼んでいます。半分に割った大根の端を切れない包丁で切ろうとすると、大根は押し出されてしまいます。その要領でボールを押します。まずは気をつけの姿勢でボールを踏みながら徐々に前進してみます。この時はよくボールを見てやります。

そして、要領がわかったら、図中の写真のようにボールの横に母指球あたりを接して少し前に足を出してみてください。立ち足は、第4節で説明したトラップからキックへ移る時の押し出しと同じ感じです。トラップの場合は次の足を

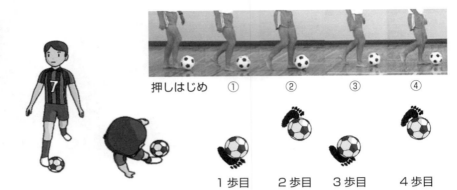

図Ⅱ-5-13　前方への基本ドリブル

慣れるまでは毎回必ずボールを上から押すこと。写真は軽く触って下前方に踏み込む熟練後のフォーム。

ボールの真横に置きますが、ドリブルの場合は次の足も同じようにボールに接します。ボールは少しジグザグに動きますがコントロール可能な範囲ですので、この段階からなるべくボールの前を見ながら歩く練習をします。コーンやポールを立ててのドリブル練習もはじめはこの練習です。少しうまくなったら、**図Ⅱ-5-11**のようにコーンを敵と考えて、常にボールとコーンの間に自分の身体を入れてインサイドでドリブルします。

　さらに、キックの練習もまわりを見ながらやる必要があります。まったくの初心者は別ですが、少しうまくなったら、相手がボールを蹴った後で、まわりを見てからトラップするなりキックする癖をつけましょう。ボールが蹴られれば、後どのくらいで自分のところへくるか、あるいは、どちらへずれたか、などがわかるので、準備しながら周りが見れるはずです。練習のはじめに2人組でキック練習をしている時など、他の組にミスキックの瞬間を見つけられたらグランド1周などと決めておけば、左右で練習する選手のキック動作にも注意しながら自分のキックを正確に蹴る練習ができて一石二鳥かも知れません。

　いくつかの球技の研究では、うまい選手（状況判断のいい選手）ほど、フィールド内のボール以外のものを見る時間が長いという結果が報告されています。常日頃から「ボールをなるべく見ない」練習を勧めます。私は、コーンを置いた基本的なドリブル練習でも、少し慣れたら、2、3ｍ前の地面を見続けるよ

うに指導しています。

　ゲーム中にボールを持っていないチームの選手がどこを見ているかという研究では、選手やボールとかいった具体的な事物ではなく、ボールと敵の間を見るといった特殊な注視行動が発見されました。これは、フィールド上のできるだけいろいろな出来事を一度に頭に入れようとした結果でしょう。このように、視野の外側の方で見ることを周辺視といいますが、うまい使い方ですね。うまい選手の特殊な情報収集手段はまだまだあると思いますが、今のところ、よくわかっていません。このことをヒントにいろいろ試してみて、いい情報収集方法があったらお知らせください。

　なるべくボールを見なくてよいといっても、シュートのキックの瞬間はボールをよく見て蹴らなければなりませんが、このシュートに関しては面白い報告があります。コフカというドイツの有名な心理学者は、ドイツのプロ選手はシュートの時ゴールキーパー（GK）を見ないと言っているそうです。GK を見るとどうしてもそこへ蹴ってしまうので、GK とゴールの枠の間の空白部分を見てそこに蹴るというのがプロの心得だ、とコフカが書いています。

　これは、キャッチボールをしていて、わざと取れるか取れないかぎりぎりの暴投をしようと想像してみればわかるでしょう。もし後ろが壁ならば割と気楽にできますが、野原のまん中だったら、心理的になかなかできないことです。ちょっとでも「意地悪するぞ」という気持ちが抜けたら、どまん中に投げてしまうでしょう。

　サッカーのシュートも同じ心理が働いている可能性があります。なぜかというと、毎日の練習はシュート練習を除くと、2 人で向き合って、相手がとりやすい球ばかり蹴っているからです。これは、キャッチボールの状況と似ていますね。私は、このことを実験で確かめてみようとしました。**図Ⅱ-5-14** に結果をわかりやすいように図示しましたが、これは、私の大学の部員 11 人に 10 回ずつ、いろいろな条件で、サイドネットを目標に PK を蹴らせた時の結果です。比較する基準値はゴールだけ置いて蹴らせた結果です。ゴールキーパーが立っていると気になるようでまん中のコースが多くなります。構えて本気で捕ろうとすると、もっとまん中が多くなります。そこで、サイドネットを見て蹴るようにさせたら、目標に近いキックが増えました。人数が少なく、他の要

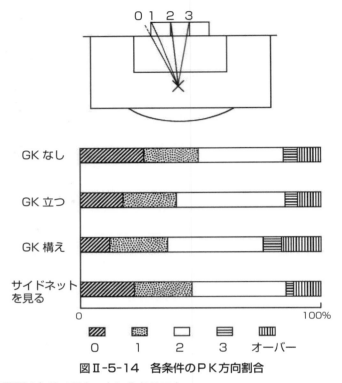

図Ⅱ-5-14　各条件のPK方向割合

全条件で課題は左サイドネットに入れること。
自然に蹴らせると、GKに惑わされて0や1が減るが、サイドネットを見て蹴ると増える。

因もかかわる可能性がありますので、あまり大々的には言いたくないのですが、本当に仮説通りの結果が出ました。私自身、この結果はあまりにもうまくいったので少し懐疑的ですが、どこを見て試合や練習をすべきかを考えるヒントになると思ってここに書くことにしました。

　「どこどこを見たらうまくいった」というような体験があったら、これも私に知らせてほしいです。そのような体験を集めた本を作りたいと思っています。この初心者指導書を必要としている読者はもう知らないかもしれませんが、たとえば、メキシコオリンピックで活躍した名ウイングの杉山選手は、サッカー雑誌に、相手の膝を見ていればうまくドリブルで抜けると書いています。どこ

を見たらいいかの研究は、私の宿題（研究課題）なのですが、読者への宿題としても出しておきます。本書の読者が熟練したコーチになる何十年後かには、回答の一部が明らかになっているかも知れません。

第３章

戦術のトレーニング

第1節 ▶ 対人戦術の基礎

1 守りのポジショニングの原則

　第1章では、私たちが公園で遊ぶ時に、自然に、無意識のうちに自己規制している（マナーを守っている）という話をしました。同じように、ゲーム中に、選手は「今、サッカー場にいる」という意識を無意識に持って（変な言い方ですが）、自分たちのプレーを選択しています。普通にボールが胸に向かってくれば、ヘディングしようか胸トラップしようかという選択肢など考えずに、自然に胸トラップをします。その選手が、遊びでバスケットボールをしていれば、やはり無意識的に自然に両手キャッチします。

　公園でのマナーも小学校低学年の生活科や道徳で習ったはずなのですが、公園に入る時にそのことがいつも思い出されるわけではありません。同じように、ゲーム中にトラップする時、サッカーのマナー（ゲームの約束事）を常に思い出してプレーするわけではありません。

　このように、我々人間は、活動し慣れた場所に入ると、ある心構えが自然に生じて、あまり考えることなく生活している（状況に合わせて無意識に動作を選択して実行し続けてている）ことを示しています。

　我々が「今は公園にいるから、こういうことはしてもよく、こういうことはしてはいけない」などという明確な意識をもって公園に入るわけではないように、サッカー場でのマナーも同じぐらいにしか意識されていません。でも「公園でのマナーには何と何があるかみんな書き出しなさい」と言われると書き出すことができ、みんなの書き出したものを見比べて公園での自分のあり方を反省できるように、サッカー場でのマナーも、それぞれが書き出して選手同士で比べあえば、サッカーマナーも向上するはずです。

　第1章で説明したように、我々は、公園で何か失敗をしでかした時に公園でのルールを再確認するように、サッカーのゲームでも、ドリブル突破を目指し

て失敗して「俺が後ろにいたろう」と言われて、「そうだ、常にサポートがいるのだ」と、サッカーのマナーを再確認するのだと思います。

そこで、そのマナーの中でも基本的なものをいくつかを紹介しておきます。

あなたは、攻めることと守ることとどちらが好きですか。こんなことを発達期の年代に聞いた調査によると、大部分が「攻めること（FW）」と答えます。ですから、この本の読者も、大部分は攻めることは好きだが、守ることはあまり真剣に考えていないのが実情だと思います。しかし、それは責められないですね。ヨーロッパのプロチームの監督でさえだいぶ前には「半分以上の選手は『守りの責任』という考えを持っていない」って言っていましたから。

監督は、チームが勝ってくれないと困るから守備のことを強調しますが、選手は、シュートした方がカッコよくってスカッとするので、守備は他の選手に任せて自分は点取りだけをやりたがるものなのです。ですから、守備の原則から話します。でも、守備の原則から説明をはじめる理由は、別にもあります。実は、攻めの原則なんかないのです。攻めの原則は「守りの原則をいかに破るか」なのですから。

つまり、選手は守備の意識が薄いので、守備についてはきちんと意識して試合に臨まなければいけませんし、相手は守備の原則の裏をかいてくるはずだということを、肝に銘じていなければならないということです。それができれば、あなたの評価も上がり、監督が試合に使ってくれるチャンスも増えます。少なくとも、シュートやドリブルの技術が同じか少し上の選手よりは使ってくれるはずです。

そこでまず、守りの原則について考えてみます。その第1は、自分のマークする選手（以下、「マーク」とする）を常に意識しておくことです。この原則をマンツーマンディフェンスといいます。「マークとゴールを結んだ直線上で、マークとボールが同時に見える位置にポジションを取る」ということが、多くの指導書に書かれています。相手との距離については、「自分のマークにボールが渡った時に自由にボールを動かせないように近づける距離」とも表現されます。ボールの位置が遠い場合は、かなり下がらないと自分のマークとボールを同時に見ることができず、必然的に距離が遠くなるので、同じ原則を別の言葉で表現しているとも言えます。ただし、後者の表現は、「自分の足が速けれ

ばマークとの距離を平均以上に離していていてもいい」というポジショニング戦略をも含んだ表現とも言えます。

　バスケットボールでは、ボールを持った方が圧倒的に有利であり、1対1でドリブルされるとなかなか防げずたくさん得点が入りますが、サッカーは手ほど自由にボールを扱えない足を使いますので、特に初心者の場合は、ボールを持った方が不利で、すぐボールをとられてしまいます。ですから、ディフェンダー（DF）は、ゴール方向からボールを持った相手に近づきさえすればいい、つまり、じゃまする位置（マークとゴールを結んだ線上）さえ正しく意識していればいいのです。

　ところが、サッカーも技術が向上してくると、ボールを持っている方が強くなります。ですから、もう1つの「ワンサイドカットで構える」という原則ができました。ワンサイドカットとは、フォワード（FW）の攻撃に対して左右の両方向をカットする（止める）のではなく、片一方だけを主としてカットすることです。そして、1対1で抜かれた場合の補償装置として、スイーパーシステムができました。いくらうまい選手でも、抜いた時には必ずボールが足元から少し余計に離れます。1人が抜かれても、その後ろに控えているスイーパー（SW）がそのボールを掃き出そう（掃除しよう）というわけです。SWが効率よく仕事をするためには、前のDFがどちらに抜かれるかあらかじめ予測できなければいけません。ワンサイドカットとは、この原理を理解して、反対側を抜かれることはある程度犠牲にしても、もう片一方は絶対に抜かせないと決めて守ることなのです。

　そのためには、攻めてくる相手に対して、正対せず斜めに構えることが大切です（**図Ⅲ-1-1**）。そうすると、相手は片方にしか抜けません。そして、抜かれてもボールが少し足元から離れるので、そこをSWが狙います。

　このDFのワンサイドカットは左右両方向に可能ですが、原則としてゴールから遠い方向に追いやるようにカットします。ですから、ゴールから見て右側にいる敵に対しては左側をカットして右方向へ、ゴールから見て左側の相手には右側をカットして左方向へ追いやるように守備体勢をとります。

　すべてのDFがこのワンサイドカットと攻撃相手との距離という2つの原則を組み合わせた位置をとると、**図Ⅲ-1-2**にあるような守備のポジションがと

　　　ワンサイドカット　　　　　　　　　正対

図Ⅲ-1-1　1対1の守備

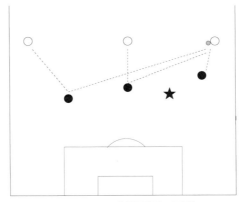

図Ⅲ-1-2　守備配置の原則

各選手がマークする相手とゴールを結んだ線上で「ボールと自分がマークする選手を簡単に把握できる位置」をとると、自然と上のような配置になる。
それに「守備は1人余計に配置する」という原則を導入すると星印のSWが加わる。

れるはずです。そして、ボールや敵の選手の位置は時々刻々変わるので、それに合わせてポジションも調節します。

　守りのラインは、シーソーのようにゆれ動くことが原則とされていますが、それは、各選手が右の原則を忠実に守っていれば実現されます。敵の左サイドのFWがボールを持った時、近い右サイドのDFは、FWを見る方向とほとんど同じ方向にボールがあるので密着マークをしてもボールを見ることができます。ところが、逆の左サイドのDFが同じ様なマークとの距離をとってボー

ルを見ていると、自分がマークするFWを簡単には見ることができません。FWを見るためには、かなり首を回さないといけないはずです。そこで、ある程度FWとの距離をとる（FWとゴールを結んだ線上でゴール方向へ下がる）と、視線を軽く動かすだけでFWの動きを確認できます。ボールが逆サイドにパスされた場合にはマークとの関係が反対になり、結果としてディフェンスラインがシーソー状の動きになります。そして、ボールを持った選手をマークしているDFの後ろに抜かれた時に備えてSWが★に位置することになります。

　この知識は重要です。あなたがボールの逆サイドのDFだとしましょう。上のことを知っていれば、あなたは2通りの方法でポジションの間違いを確認できます。ボールを見ている時、自分と他の2人のDFの関係がシーソー状でない、つまり、自分よりも前に2人が位置していないことがわかれば、自分の位置がおかしいんじゃないかと考えることができます。また、自分のマークする相手を見るのに苦労したり近すぎる時も、ポジションがおかしいと判断できます。

　以上をまとめると、ポジショニングの原則とその結果生じる敵味方のフィールドでの選手配置を理解していれば、いくつかの情報の一部分がわかっただけで、ポジショニングの間違いに気づいて、早めのポジション修正が可能だということです。

　このワンサイドカットの原則は、中盤の守りでも同じです。それによって、パスコースが限定され、後ろの選手は相手の攻撃をある程度読むことができ、守りが楽になるとともに、パスカットのチャンスも増えます。

　ただし、現代サッカーの戦術は日々変化していて、SWというポジション名は聞かなくなくなりました。フラットフォーと称して状況によってSW役が変わったり、ボランチと呼ばれる守備的ミッドフィールダー（以下、MFとする）が下がって対処するような戦術をとるチームもあります。私は初心者指導のプロを自任していますが、最先端の戦術には詳しくありませんので、興味ある方は有名指導者の書いた戦術書をお読みください。ただし、後でも出てきますが、この原則の理解は戦術が変わっても意味を持っていますので、守備の動きを理解するために、初心者の試合では基本的なシステムで試合すべきだと思

います。

　次に、ゾーンディフェンスを考えてみましょう。

　中盤のマークはルーズなゾーンディフェンスで守るのが普通です。Jリーグなどのトップチームでは中盤でのコンパクトなプレスディフェンス戦法を採用するところが多いですが、それでも SW を除く全選手が完全にマンツーマンでつくわけではありません。ゾーンディフェンスの原則は、敵にボールをとられたら、ボールを持った選手をマークする者以外は早めに自陣までかえって中盤のセンターサークル付近の状態を監視し、そこから飛び出してくる選手がいたら、いつでもマークに行ける体勢をとることです。

　この時は、「自分が絶対マークべき選手」というものはないですが、原則としては、自分がマークすべきであろう相手と中盤のゾーンの両方を意識する必要があります。考え方としては、2種類が考えられます。1つは、自分が下がって第1段階の守備体勢に入った後で中盤に飛出してくるだろう敵に対して、個々の MF が自分のマークする相手をある程度意識してゾーンを引く場合と、もう少し漠然とこの辺に飛び込んできたらマークに入ろうと意識して守る場合です。しかし、ツートップを基本としてポジションチェンジを繰り返して攻める現代サッカーでは、個人が特定の相手をマークする作戦は、中盤では通用しにくくなっているように思えます。

　あるいはもっと別の効果的な意識の持ち方もあるかも知れませんが、少なくとも、チーム内で中盤のマークの意識が統一されていないと、攻め込まれてゾーンディフェンスからマンツーマンディフェンスに切り換えた時にマークを見逃してフリーの選手を作ってしまう可能性が高いです。その意味でも、皆で意見を出し合って中盤の守り方について徹底的なミーティングを行うことが必要です。

2　守りのポジショニングを崩す原則とそれに対する守備側の守りの原則

　これまで記してきた守りの基本的ポジショニングができるようになると、攻

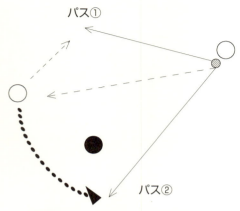

図Ⅲ-1-3　パスをもらう位置2態

定位置でもらうのはインターセプトされやすい。①のように下がってＤＦとの間隔をとって受けるのが基本。相手の裏をとるパス②は難しいが成功すればチャンスとなる。

撃側がFWにパスを出しても、パスをもらった選手には必ずマークがついていて、ゴールと自分の間に立ちふさがることになります。そして、そこからドリブルで攻めようとするとSWに掃除されてしまいます。したがって、攻めにひと工夫が必要となります。

　その原則は、バックの後ろで勝負しろというものです。FWがパス①のように下がってボールをもらうのは簡単です。しかし、FWには常にマークがついているので、それではシュートにつながりません。そこで、**図Ⅲ-1-3**のパス②ようにDFの裏側にパスを出してもらい、走り勝ってボールを処理することが大切な戦法となります。この図には、パスをもらう位置として、3つのケースが書かれています。一番いけないのが今いる位置でボールを受けることです。一番安全なのは下がってマークとの距離をとってボールを受けることです。しかし、敵が正しいマーク位置（パスが渡った瞬間にマークできる距離）に修正した場合には、安心しきっているとボールを取られてしまうので注意が必要です。そして、もっとも攻撃的な受け方がバックの裏にボールを出してもらって走り込んで受けるパスです。ある程度の練習を積んだチームでは、小学生でもこの攻撃的パスを意識して使っています。

図Ⅲ-1-4　1対1の状況と危険なスペース（楕円）の関係

　DFの方が後ろのスペースには近いのですが、DFはターンしてから走り出さなければならないので、2、3mのハンディは簡単に回復できます。さらに、DFはFWが走り出すのを見てから走り出さなければならないというハンディがあります。

　この「相手の裏」の意味を理解するために、**図Ⅲ-1-4**に1対1の場面における2人の体勢と裏のスペースの関係をまとめました。①が裏のスペースを消した基本的な守り方です。マークしてくる選手が正対していたり（②）近寄ってくる瞬間（③）は自分が勝てる範囲が広がります。また、相手がワンサイドカットで守っていても、走り上がってこの位置にいる（④）場合は、広い範囲で競り勝つことができます。

　そのため、相手の裏に入りたい時に、後ろに下がってそこでボールをもらうような動きをしてから相手の裏をねらうと、成功する可能性が高まります。その理由の1つは、攻撃側が下がったことで守備選手がマークの距離を同じにす

るために上がってきて後ろのスペースが広くなって走り込みやすくなるためです。もう1つは、後退した自分を見て前に出る動きを開始した瞬間に攻撃側がその背後に走り込むと、③の状態でも前足に体重がある逆モーション場面になって後ろへ追って走り出すのが遅くなるためです。ちょうど、前に体重をかけた状態でワンサイドカットしている選手を抜くようなもので比較的簡単に抜けます。

　この意味は、本当のねらいの動作をする前の動きで、スペースの意味を自分の意図するように変えられる、ということです。これは、自分の意図で、価値あるところにパスを出すだけではなく、価値ある場所を自分から作ることができるということをも学んだことを意味します。

　守り方にあわせてその裏を突くFWの考え方を少しだけ説明しましたが、ワンサイドカットされていない方向に全力でドリブルして慌ててついてきたDFを引き球で抜き去るのも守備の原則を意識した攻めと言えます。このように、守りの原則をいかに利用して自チームに有利に導くかが攻めの原則と言えます。

第2節 ▶ 集団プレイの基礎

❶ 守りの原則とパス攻撃の原則

　個人技術が同じぐらいでも、前節で説明したような守りの原則を学習しているチームとの試合では、思ったようにパスが通らず点を取ることができなくなります。そこでまず、攻めのパスが難しい理由を**図Ⅲ-2-1**の単純場面で説明します。

　初心者のFWは、ゴールを目指して単純に漸進しますが、その位置でパスをもらっても●の敵DFが真ん前にいて次が続きません。そこで、DFの裏のスペースで勝負するために、迂回してパスをもらおうとします。この時、パスを出す選手は、FWがエンドラインに向かってダッシュを開始した瞬間に回り込んでくる位置を理解して図にあるパスコースにボールを蹴らなくてはなりません。このパスが通ると、後は星印のSWが意図を理解して駆けつけてくるスピードとの勝負になります。

　敵の裏へのパスはなぜ難しいのでしょうか。図のような配置の場合、**図Ⅲ-2-2**右のようにパスを出す選手の視野には敵のDFも入っていますので、左の味方FWが急に走りだした時に即座にパスを出すためには、苦もなくキックできる技術以外に、そのスタート意味を即座に理解できる戦術的知識が必要なのです。

　攻撃が守備選手の裏をとることによって成り立つことが理解できたら、守備の次の課題が裏をとられない技術を学習することだと気づくでしょう。しかし、だからといって、自分の背後を警戒するあまりに、マークすべき相手から5mも10mも離れたところにいたのでは、いくら相手とゴールを結んだ線上にいたとしてもマークしていることになりません。今度は、マークすべき相手にパスが渡ったのでマークしようと近づいても、守備範囲に到達する前にミドルシュートを打たれてしまいます。これでは守りになりません。

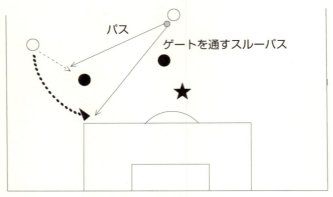

図Ⅲ-2-1　DFの裏をとるプレー

ゴールを結んだ線上で受けるパスは成功してもシュートには結びつかない。FWがバックの裏で受け取るように走ればチャンスになる。

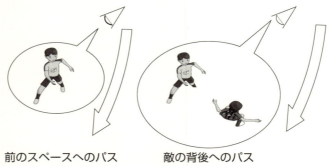

　　前のスペースへのパス　　　敵の背後へのパス

図Ⅲ-2-2　スペースへのパス2態

楕円は視野に映った像。これを見るとゲートを通すスルーパスの難しさがわかる。

　これへの対処は、ワンサイドカットの構えの時、前節で説明したように後ろ足に重心をおくことで達成されます。半身に構えて後ろに重心をかけていれば、攻撃選手が自分の裏に走ろうとした時、すぐに後ろへのダッシュが可能となります。どのくらい体重を後ろに残しておけばすぐに後ろへダッシュできるかは、自分で確認しておくことです。

　ただし、いつも後ろに体重をかけて裏ばかり警戒しているとタックルの恐怖感を攻撃選手に与えられず、相手はフリーでパスコースを探すことができます。

そこで、タックルの基本のところでも述べたように、タックルに行くぞ行くぞと見せかけながら、相手のボールコントロールが乱れるのを待つのです。このかけひきが勝負どころです。

　相手が自分の背後に走り込みそうだと感じたら、一瞬でも早くその兆しを感じて反応し、自分も背走して後ろのスペースを消せばよいのです。この予測の上手下手が、ディフェンスの能力を決めると言っても過言ではありません。そのためには、ボールだけを見るのではなく、周りの状況を判断し、自分のマークしている相手の動きにも十分注意しなければなりません。このことについては別のところで再度検討することにします。

　ところで、自分の後ろに入られないためには、事前にスペースを消すことだけではなく、走られた相手の走るコースに入ることも大切な技術です。相手が走り始めた瞬間は自分の方がゴールに近いので、相手の走るコースに先に入ってしてしまう戦術も理解する必要があります。ただし、入って立ち止まってしまうとオブストラクションの反則をとられますので、自分もボールの出てくるオープンスペースに向かって走りながら、なおかつ相手の走るコースを消す動きが必要となります。また、先ほどは、「敵がぴったりとマークした時はすぐ抜ける」と書きましたが、あまりにも近い時は、後ろに走りながら両手を広げればオープンスペースへの侵入を防げます。しかしこれも、手や腕で相手を掴んでしまうと反則をとられてしまうので注意が必要です。

　守りは攻めの意図を読んで対処しなければならないと書いてきましたが、その言葉通りに守られてしまうと、一筋縄では攻められなくなります。そこで、裏の裏をかくことが必要になります。いずれにしても、ボールを持っているチームに決定権があるので、目的の動きと別の動きをして守りを撹乱するわけです。

　ところで、このケースでFWが勝てるもう1つの理由は第1章で取りあげた反応時間の問題です。反応時間の0.2秒とは、100m10秒で走る人にとっては2mに相当する距離です。この時間は、もっともよい条件である「もうじき合図がでますよ」という警告の後で実験した時の限界時間であり、何の警告もなく急に合図がでれば、もっと時間がかかるのが普通です。したがって、敵がぴったりとマークしている時にその敵の後ろにボールを出してもらえば、簡単に抜き去ることができます。

❷ フィールドでの自然な動きとそれに打ち勝つ工夫

　これまで説明したことを一言で言うと、選手はボールを追いかけてグランド
を走りまわりますが、ボールをもらいに動いた時に、自分だけでなく、敵も動
くことを常に計算に入れて動かなければならないということです。現在使われ
ている戦術はツートップが多く、中盤はルーズなゾーンディフェンスで守り、
ゴール近くをマンツーマンとスイーパーシステム（現在のトップチームでは専
門のSWを置くのではなく、「最終ラインでは常に1人余らせてそれがSW役
をするという合意で守備する」と表現した方がいいかも知れません）で守る体
制をとっている場合が多いですが、基本的には自分がボールをもらいに走れば、
自分のマークが自分とゴールを結んだ直線上に位置して近づいてくると考えな
ければなりません。

　したがって、図Ⅲ-2-1で説明したように、自分勝手にゴールを目指して走
りながらボールをもらおうとしても、簡単に相手DFに捕られてしまいます。
捕られないまでもトラップした時にすぐ前に敵がいては、次の展開がスムーズ
にできません。敵も動くことを念頭におけば、前にも書いたように、ボールを
もらいに行く前に別方向に少し動いて敵を動かしてから逆モーションをとって
ボールをもらいに行くことができるはずです。

　言うは簡単ですが、これを実践するのは結構難しいです。そこで、ここでは、
初心者が陥りやすい行動が、どうも人間の本性に根ざしていることらしいとい
うことを話してみたいと思います。

　ボールゲームに共通することは、味方と協力してボールをゴールに運ぶこと
です。テニスやバレーボールは少し違いますが、コートの敵のいない部分をゴー
ルと考えれば、同じように捉えられるでしょう。このようなボールゲームで大
切なものは、当然、ボールとゴールです。点を取りたい選手がフィールドに立っ
ていると、ボールに惹かれる意識になるのが当然です。これが初心者のゲーム
が団子状になる原因です。また、ボールをもらうと必ず前にドリブルしたり前
にパスすることしか考えないゲーム展開にもつながります。

　ボールへの意識の集中は、初心者と熟練者がゲームやゲームに近い状況の実
験場面でどこを見ているかということを調べた研究から明らかになっていま

①右ウィングへのアウトサイドパス　②転がるボールの引力　③ダイレクトのクロス

図Ⅲ-2-3　注意を引きつける動くボール

ボールが出された瞬間のDFの基本的動きは、①に示したようにAとBでウィングに対処しCはゴール前を守りに帰る。ところが、②のように3人ともボールに向かってる。③のクロスの瞬間にもボールから注意が離れない。矢印は本来マークする相手。

す。たとえば、GKの実際の試合での動きをビデオカメラで調べた研究によると、うまい選手ほどボールがあるサイドと逆の方を見る回数が多いという研究があります。また、うまい選手ほどボール以外のものに注意を集中する時間が長く回数も多いという研究は、サッカーに限らずラグビーのような球技でも確認されています。Ⅲ-2-3にボールの引力の一例を示しました。この時の守備側は筆者が監督をしていた女子チームですが、多くが初心者であり、週3回の練習なので技術指導以外はほとんどできていませんでしたので、人間の自然な行動選択がなされたものと思われます。このボールの引力を理解することで、この引力から自由になること（後に述べる認知地図の精緻化）が、チームプレーの上達する近道なのです。

次に、前へ前へという意識は、初心者のゲームと熟練者のゲームを比較した研究から明らかになっています（図Ⅲ-2-4）。これは、体育館のバスケットボールコートで3対3のゲームをやらせてその試合をVTRで記録して、その画像からドリブルやパスの方向を記録して方向別の回数を記録したものです。これによると、初心者では後ろや横へのパスやドリブルが少ないことがわかります。これだけでは、ボールを持った人に前にボールを運ぶ意識が強いのか、周りが後ろでもらう意識が少ないのか不明ですが、チーム全体で前への意識が強すぎることは証明されたと思います。原因はともかく、ゴールが前にあるからといって、常に前にボールを運べばよいわけではないことを、十分に理解してほしい

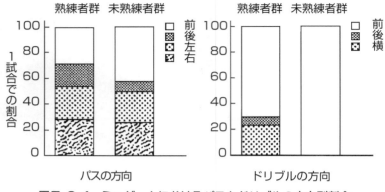

図Ⅲ-2-4　ミニゲームにおけるパスとドリブルの方向別割合

です。そうしないと、バックパスをすべきチャンスをみすみすのがすことになります。「急がば回れ」という格言は、サッカーの場合、この「ゴールへゴールへ」という意識への警告とみることができます。

　なぜ、初心者がゴールへ突進するようになるのかは、第1章での説明からわかるように、バックパスにより、次の展開で自分のボールを持っていた位置よりもゴールに近い位置までボールを運べるという全体像を持っていないからです。このような試合の全体像を認知地図と専門用語でいいますが、詳しい説明は後で説明します。

3　バックパスはなぜ難しいか

　試合中、あなたがボールをもらって、さあ前に出て攻撃しようとした時、普通は、すぐそばに敵がいます。敵がいなくとも少しドリブルしていけば、必ず敵にぶつかります。敵を抜く時は向き合っていますので、ボールは2人のまん中にあり、ボールを取られる危険性が高まります。そこで、習ったように、「ボールと相手との間に自分の身体を入れてドリブルする」という原則を採用すれば、そう簡単には取られません。しかし、これでは、ゴールへ近づくことができません。そのような状態でも、前にパスができないからといって強引に抜こうと

して簡単に敵にボールをとられる選手がいますが、これは論外ですね。後ろでサポートしてくれているはずの味方にバックパスすればいいのです。

しかし、前節で説明したように、前へ前へというのが初心者の意識ですから、それを直すには、ただ「試合中はバックパスも考えよう」と試合の前に約束するだけではだめです。個人個人がバックパスの意味を十分に理解しなければなりません。

ところで、バックパスが成立するためには、バックパスを受ける位置に味方の選手がいなければなりません。そのためには、ボールを持った選手だけではなく周りの選手もバックパスの意味をわかっている必要があります。オフト元日本代表監督は、ボールを持った選手を中心に常に三角形を作るように指示していましたが、これは、前だけでなく常に横や後ろにもパスコースを確保しながら攻めることを原則にしようという、ある意味では当たり前の指示です。この当たり前の指示が全日本チームについてニュースになるということ自体、当たり前のことがいかに守られていないかを示しています。

これは、全日本チームにおいても、ゴールへ向かう気持ちが強すぎることを意味します。オランダ代表監督だったリヌス・ミケルスも「攻撃的な中盤プレーヤーは、一次的にしろ、攻め上がったフルバックのカバーをしたがらないものですが、それでは攻撃バカです。私の経験では20人のうち10人が責任という考え方をサッカーでもっていないようだ」と述べています。別の言葉で言うと、ゴールの力に引き寄せられて自分のすべきプレーができない選手が多いということです。DFに強引に守られれば守られるほど、どうしても強引に突破したくなる気持ちはわからないわけではありませんが、それを自制することが大切です。また、チームプレーの観点からみると、当事者がDFに興奮させられているのですから、周りが冷静になり「ボールをよこせ」といさめることも大切です。

さらに、バックパスには戦術面からみると2種類あることを理解する必要があります。すぐ理解できることは、いい位置に味方がいるのにマークされてボールが出せない選手に対してサポートし、もらったボールをダイレクトで前線に出そうという攻めのバックパスです（図Ⅲ-2-5）。このサポートが成功してシュートに結びつけば大満足ですね。しかし、そんなチャンスはいつもあるわ

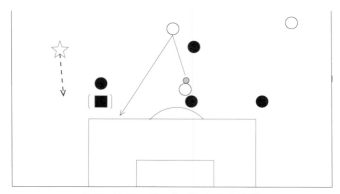

図Ⅲ-2-5　バックパスからの攻撃

典型的なバックパスからの攻撃。バックパスが出た瞬間に☆の右ウィングはダッシュしてDFの裏でボールを受ける。マークしている守備の選手が■に下がって裏のスペースを消している場合はボールキープして攻撃をやり直す。

けではありません。もちろん、逆サイドに回そうという場合もありますが、このようなかっこいい攻撃につなげるサポートだけを考えていると、サポートする機会は1試合に何回もないでしょう。たとえ、DFが図の四角の位置にいて、ダイレクトパスのチャンスではなくても、場合によってはサポートしなければならないケースはいくらでもあります。

　そのもう1つのサポートは、攻撃をやり直そうという意味でのバックパスを要求するサポートです。攻撃が行き詰まって前線で何とかキープしている時は、すでに相手チームは守備の陣形を整えてしまっています。ですから、欠陥スペースを見つけることも自分のチームの選手が動いて相手陣形に欠陥を作らせることも、そう簡単にはできません。こういう時は、一度後ろにボールを戻して再攻撃することになります。この理解がないと、サポートにつく状況かどうかの判断ができず、せっかく取られないようにキープしている選手を見殺しにしてしまいます。

　つまり、バックパスが有効に機能するためには、ボールを持った選手も受ける選手もバックパスが試合全体の流れの中でどういう意味を持つかをよく理解する必要があるのです。バックパスを味方がトラップしたということは、少なくともダイレクトでチャンスボールを蹴る状況になかったことを示していま

す。しかし、バックパスに2種類があることを理解しないと、攻撃陣は闇雲に攻め急ぐことになります。バックパスがトラップされた時、この2種類のパスがあることを頭に浮かべて、どちらの状況かを判断する能力が求められます。

バックパスだけではなく、ゴールから遠ざかる後ろへのドリブルも同じ考え方で理解することができます。初心者は、ゴールから遠ざかるのがいやなので、闇雲にドリブルで前進しようとし、中級者は横や後ろへのフェイントで前に抜こうとします。しかし、DFからみれば、前への突進は是が非でも押さえなければならない任務です。したがって、前への備えはもっとも強力です。このことは逆に、前への突進をフェイントに使えば、比較的簡単にボールキープができることを意味します。前へのドリブルをフェイントにして、後ろ方向や危険性の少ない横方向（普通はワンサイドカットで開かれている方向）へドリブルすれば、比較的楽にキープすることができます。

私も「困った時は、抜こうとするのではなく、抜くとみせてそれをフェイントにマークとの距離をとってサポートを待つか、どこでもいいから広いスペースに逃れろ」と指示しているのですが、負け犬みたいにみられるのがいやなのか知りませんが、強引に抜きにかかって自滅する場合も少なくありません。この本や指導者の言葉から、「ゲーム展開の原則」を理解して、スマートでクレバーなサッカーを目指してください。後に日本代表監督になったジーコも、むちゃなドリブルをしてDFにボールを捕られたりクリアーされないようにうまく状況を判断しろと言っています（『ジーコの考えるサッカー』）。

前節で紹介した初心者に前へ前へというプレーが多い理由は、サッカーフィールドの意味をきちんと理解していないためと思われますが、何年かサッカーをやってきてもやはり前への意識が強すぎる選手は頭が固いのですから、もう少し柔軟な考えができるように、頭の柔軟体操を心がけてください。

4　スルーパスと認知地図

スルーパスは、基本的には、2人の敵の間を通すパスですが、それが難しい理由は、パスの基本で習った「人ではなく人の移動する地点を予想して球を出

す」という考えを応用しなければならない点にあります。

　前節で示した**図Ⅲ-2-1**は典型的なスルーパスの状況ですが、この時、パスを出す選手から場面がどのように見えているかは**図Ⅲ-2-2**に示しました。図の左のような敵がいない状況であれば、状況を簡単に理解できてパス方向を決定できます。しかし、右の状況では、前のスペースは敵のDFに隠されていて見えません。したがって、選手は、このような場面を見て**図Ⅲ-2-5**に示したような敵味方の選手配置図を思い浮かべなければなりません。思い浮かべられた人だけが、**図Ⅲ-2-2**に大きい矢印で示した一見無鉄砲とみえる方向へのパスを出すことができます。

　つまり、パスの基本原則を応用して敵の裏をかく有効なパスを出すためには、自分の目に映る映像だけではなく、その映像からどんな場面かを理解して、場面の欠点を捜し出さなければなりません。これは、あたかも地図を見て、実際の場所をイメージするようなものです。地図を見るには目的があります。水をたくさん使う工場を建てたい人は、川の位置を頼りにそのそばで家が少なく平らな広いところがないかと探すでしょうし、緑の多いところに家を建てたい人は道路沿いに森や林の記号を探すでしょう。

　この頭の中の地図を認知地図ということは第1章で説明しました。小学校で白地図にいろいろな記号を書き入れた記憶があるでしょうが、初めて試合をやる人はこの白地図を持っていません。たとえば、縦横の長さはルールブックに書いてありますが、初心者は、それが自分の足で何秒くらいかかるとか、全力では全体の何分の一ぐらいまで走れるかとかいうことがわからなければ、広さを実感できませんね。そのため、自分用の白地図が作れず、「あそこでこんな失敗をした」と気づいても地図に書き込むことができないので「この地点ではこのプレイはやらないようにしよう」などという反省が十分にできません。

　一方、プロの選手は、サッカーフィールドの白地図を頭の中に持っていて、周りを見るたびに敵味方の位置を「書いては消し、書いては消し」しながら、一試合を戦っています。たとえば、元日本代表の北澤豪選手は、試合中も練習中も「自分が真上からピッチを見ているイメージを持つ」ように心掛けているそうです（『メンタル強化バイブル』）。サッカーに限らず、バスケットボールなどの球技の熟練者も、ゲーム中に作戦ボードを頭の中に描くような意識を

持っているようです。

カウンター攻撃でない場合は、守っている人がたくさんいるので、前に述べた守備のいやがるところ、つまり、DF の後ろのスペースをねらうことになります。しかし、DF がたくさん並んでいると、そう簡単にそのスペースがねらえません。そのため、2 人のバックの中間を基本的にはゴロで通すのが基本的な作戦になりました。これを（敵と敵の間を）スルー（する）パスと言います。

これが有効な理由の 1 つは、パスのコースが 1 つなので、ボールをもらう味方がパスコースを読みやすいことです。もう 1 つは、2 人の敵のまん中なので DF のどちらがカバーするか迷って後ろの守備意識が薄くなることです。

図Ⅲ-2-6 は、私が最初のサッカー研究専門書に書いたものですが、これを見たら私の言いたいことがわかると思って載せました。ウィングにいる選手 A がセンターサークル付近の状況を見ているところです。左のようにボールの行方だけに注意が向けられていると「早く俺にパスしてくれないかなあ」と考えるだけで突っ立っていることになります。前ページで説明したようなサッカーの白地図を持っていれば、そこに 2 人を書き込んで眺め直すことができます。そうすれば、クロスにボールをもらおうとしてコーナーの方へ走るプレーも選択できます。左のようにこの白地図なしで見ていたのではできないプレーです。

実は、この白地図を用意できることと今の自分の位置がサッカーフィールド上のどの辺りなのかという意識が持てるということは同じことだと私は考えています。だから、もし広いサッカー場で自分 1 人で練習する時があったら、いつもシュート練習ばかりするのではなく、たまには、自分が試合に出ていると想定して、クロスボールをもらいにコーナーへ走る場面とかセンターサークル付近でまっすぐドリブルする選手をサポートする場面とかを想定して走ってみて、ゴールがこう見えた時は、タッチラインまでどのくらい余裕があるとか確認してみることも大切な練習だと思います。本書の読者諸兄も、様々な方向へのパスを出して失敗したり成功したりした経験を持っているはずです。その経験から自然に、自分なりの白地図を作っているのだと理解し、練習後にピッチの白地図を用意してその日の気になったプレーを実際に書いて反省すると効率が高まり、自分の認知地図の精度も上がります。皆が「得点が入った前の前の

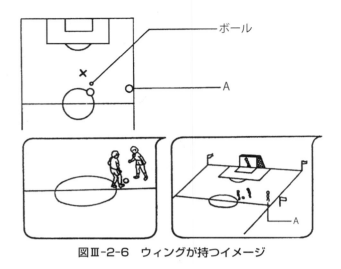

図Ⅲ-2-6　ウィングが持つイメージ

プレー」などの同じ時間での認知地図を画用紙に書いて見せ合って議論することも有効かも知れません。

　もし登山で地図を見ていて適当なルートが発見されなければ、いくら見ていてもだめであり登頂を断念せざるを得ません。しかし、サッカーフィールドでは、少しキープして待っていると、記号に当たる敵味方の選手が勝手に動いてくれるので、スペースが発見できます。そういう意味でも、認知地図の利用と地図の変化を待つ行為（具体的にはボールのキープ力）が大切です。

5　オープンスペースの利用はなぜ難しいか

　次にオープンスペースについて考えてみましょう。パスを出す時は走っている人の前に出すというのが原則です。しかも、前ならばどこでもいいというのではなく、走っている人が少しスピードアップしてタッチできるボールを出すのが肝心です。これは、ボールをもらおうとして走っている選手には必ずマークがつくはずですから、減速してタッチするようなボールでは、マークに先を越されたり、トラップした瞬間にタックルされたりしてしまうからです。なお、

少し加速して合わせられるタイミングでボールを出すことはシュートでも同じです。少し加速して歩数をボールに合わせると、減速して合わせるよりもやりやすいということは、すべてのボール処理で共通していますのでよく理解しておきましょう。

しかし、走っている前ならばどこでもいいというわけではありません。そこで、オープンスペースに出すことになりますが、これがなかなか守られません。その原因がすでに書いたボールとゴールの引力です。ゴールの引力につられてゴールに突進してその走る前にボールを出してもらっても、そのコースにバックがいては何もなりません。トラップした段階ですぐにカットされてしまいます。ゴール前であれば、強烈なスライディングタックルを食らうのが目に見えています。

もし、この選手が逆方向やタッチライン方向へ走れば、敵の反撃からはフリーとなります。このように、敵の守備範囲から外れた誰もいないところをオープンスペースと言います。ただし、このような動きでボールをもらっても、敵にとってはあまり脅威ではありません。なぜなら、ボールがゴールから遠ざかるとともに、守備を堅める時間的余裕も生じるからです。普通の指導書では、攻めに有効な空白地帯のことをオープンスペースと呼んでいますが、攻めに有効でなくとも敵から遠くて自分たちが確実に球回しできる空間もオープンスペースと理解する方が攻め急ぎを防止する意味でもよいと思われます。そうすると、前節で説明したスルーパスは、守りの選手と選手の間を通して、得点に直接関係するオープンスペースに球を出す技術と考えることができます。

図Ⅲ-2-7 は、そのようなスペースの変化例です。守りの基本は、DFの適正配置によって、危険なスペースを作らないことです。それは、自分のマークする相手と現在のボールの両方が見える位置にポジションをとるという原則を守ることで実行できます。したがって、危険なオープンスペースがあること自体、ポジションがずれていることです。

そういうことは、ゲームでは常時生じています。ところが、守りの原則である自分のマークする選手の動きを常に意識していれば、その弱点のスペースに走り込んで球をもらおうとする選手の動きに気づき、スペースを消すことができます。このようなレベルになると、そう簡単に得点はできません。そこで、

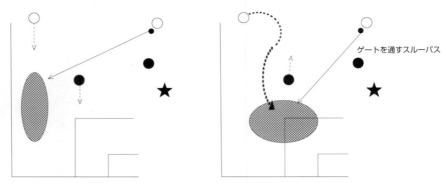

図Ⅲ-2-7　オープンスペースの変化

左のように単純に走っても、DF が注意して下がれば、裏をとるパスは出せない。右のように下がってから出ると、利用可能なスペースが増えるので、DF の裏をとれる。

その図の右にあるように、意識的な動きでスペースへの走り込みをカモフラージュする必要が出てきます。初心者はこのように逆をとってから動くということができません。この動きが無意識にできるようになっていれば、もうこの本を読む必要はないでしょう。もっと専門的な本を読んでください。

　この動きは、一旦ゴールから遠ざかることによりマークを前に引き出し、その選手の後ろに大きなオープンスペースを作る役割をしています。つまり、オープンスペースは、そこを見つけたから走り込んでボールをもらうという初歩的な段階から、自分が動いてオープンスペースを作るという高度な段階まであるのです。

　そして、もしこのゴールから遠ざかる動きに呼応して他の選手がそのスペースに入って球をもらったとすると、チームで協力してオープンスペースを作って利用したことになり、より高度な戦術ということになります。

　ところで、このオープンスペースは、自分のマークする敵の裏側にできるだけではありません。自分が動くことによって、今までいた自分のスペースがオープンスペースになることもあります。その例を図Ⅲ-2-8に示しておきました。このような場合、シュートした選手だけがほめられるべきではなく、シュートさせるために自分のマークをひき連れてスペースを作った選手も同程度にほめられるべきです。そのような評価が選手間でできるチームがよいチームです。

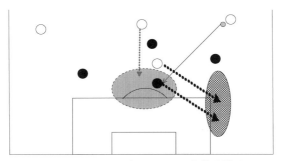

図Ⅲ-2-8 オープンスペースを作る動き

センターFWが右のオープンスペースに動くとDFもついてくるので、真ん中がオープンスペースになる。そこに走り込めば図のようにチャンスとなるが、本来この場面では守備側がもう1人いて5対4で守るはず。

フォワードが、自分がシュートしようとして球をもらいに動くだけではなく、第二線の選手にシュートをさせるために動くことができれば、あなた方のチームの実力は短期間で飛躍的に上がるはずです。

そのためには、お互いに認知地図を共有しなければなりません。少なくとも、記号である選手の配置、つまり、この選手がここにいることはこういう意味なのだという理解を統一しておく必要があります。そのための話し合いが重要です。監督がそのような相互理解を徹底させなければならないのは当たり前ですが、選手同士も共通理解を積極的に持とうとしなければいいチームにはなれません。

守りの原則はこの反対、つまり、オープンスペースを作らせないことです。個人技としては、さきに述べたマークをつる動きに安易にひっかからないことであり、チームとしてはポジションのずれから生じるオープンスペースを注意していてお互いに消しあうことです。SWは、そのスペース消し専門の選手です。

ところで、前著の説明はここで終わっていましたが、20年以上経った現在では、SWという言葉はあまり使われないようです。前にも述べたように、全員攻撃全員防御のトータルサッカーが徹底された結果、専門のSWは置かずに、状況に合わせて適宜誰かがSW役をすることになったと考えられます。それだけ、すべての選手に1対2の守備の時にどちらの役もできる能力が要求され

ていると言えます。このことを理解して、守備練習に励んで欲しいと思います。何度も言いますが、守備ができないと使ってもらえません。

6 パスアンドゴーの意味

攻撃の基本として多くの指導書で取り上げられている基本戦術に、スルーパスとオープンスペースの利用の他に、パスアンドゴーがあげられます。この戦術が有効な理由の1つは、前にも述べたゲーム中のボールの引力です。選手はボールの動きに敏感なため、ボールが蹴られるとどうしてもボールの出た方向を見てしまいます。そのために、マークの意識が一瞬途切れてボールを出した選手を見失います。したがって、徹底的なマンツーマンのディフェンスをしいていても、ここからほころびが生じる可能性が高いのです。DFが初心者の場合はウィングにワンツーの壁パスで簡単に抜かれることが多いですが、これは、自分の前の選手の持っているボールに対する意識が強すぎるので、横にパスされると、ボールを追ってしまいます。しかし、前に述べたように、自分のマークする選手と自分の弱点である背後に意識があれば、ボールだけに注意が行くことはなく、ボールがパスされても、自分への背後の意識から、マークする相手について行けます。

もう1つは、**図Ⅲ-1-4** の③の場合です。マークしている敵が本気で取りにくるかフェイントであるかに関係なく、マークする相手が少しでも重心を前に移した時に壁パスを出して走れば、逆モーションになり後ろにいくらかのスペースができます。そこを目指してダッシュすることにより、実際にそこにボールが出なくとも、周りのDFの注意を引き付ける効果があります。つまり、キックアンドゴーした選手が前節最後で説明したボールの引力と同じ役割を演じています。

そのことを理解すれば、彼をおとりにして別のプレーを選択できるはずです。それを、自分も味方のダッシュにほれぼれして眺めてしまうようでは、せっかくの仲間の努力をだいなしにしてしまいます。また、もしかしたら、その選手は、自分の前に出されてもよほどいいボールでないと処理できないが、自分の

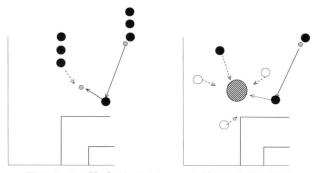

図Ⅲ-2-9 壁パスからのシュート練習と実戦の関係
左が練習の布陣、右が実戦で現れる状況。シューターは図に示されたオープンスペースが使えると思って走ってくるので、パスが少しでもくるえば敵にカットされる。

いたスペースを空けることがベストと思って走ったかも知れないのです。このようなプレーにチームの1人でも気づいて、試合後の反省で話題になるようならば、チームの明日は明るいでしょう。

7 チームプレイの原則を踏まえた基礎練習

　これまでの説明を要約すると、守備側は、ボールを持った相手をマークする選手がすぐに飛び込むのではなく、ワンサイドカットで攻撃を遅らせ、チームとしてできるだけ多くのオープンスペースを消して守ります。攻撃側は、「あの選手にボールが渡れば自分が使用可能なオープンスペースだ」と意識している選手が、その選手に対してボールがパスされた瞬間にダッシュしてゲートを通したボールを貰いシュートします。つまり個人技の差が少ない場合、ダイレクトにゲートを通してオープンスペースに出されたスルーパスで敵の陣営を崩すのが最良の攻めということになります。そして、オープンスペースを使う人が自らパスをする場合が、パスアンドゴーということになります。

　このことを頭に入れると、いくつかの基礎プレイの意味と注意点が理解できると思います。その第1が壁パスシュートです。図Ⅲ-2-9左に典型的な練習例を示しましたが、この練習は、壁パスの練習でもあることを多くの選手は意

識していません。試合前によくする練習ですが、コーチが壁パスの良否への注意を促しているところは見たことがありません。この練習が実戦で使われるのは、図の右に示したように、シューターがわずかなスペースを見つけて走り込む場合です。ですから、シューターが途中で走路を変えてシュートした場合は、いくら良いシュートを打ってもも失敗プレーですので「ナイスプレー」と言わないでください。また、シューターは多少バランスを崩してもステップを多く踏まずに蹴る練習だと意識し、敵のタックルを想定して素早く蹴らなければなりません。前にも書きましたが、練習するプレーが実際の試合のどの場面で使われるかを考えながら練習する必要があるのです。

　次に、対人プレイの基本である2対1と4対2のボール回しについて考えてみます。**図Ⅲ-2-10**が2対1です。狭いスペースでの3対1や4対1のボール回しは」はウォーミングアップを兼ねてよくやられていますが、2対1のままではボールが回せないので、Aはボールを出したらすぐにCがいるべき位置に走り込んでボールを受けます。Bもボールを出したらすぐにAのいた位置に走れば3対1と同じようにボールを回せます。ただし、それだけではすぐに慣れてパスコースをカットされてしまいますので、やり方を理解させたら、すぐにAの走る方向はCでも括弧で示したC'でもいいことにします。それでも初心者のうちはすぐに捕られてしまいますので、三角形の広さを大きくとって、守備が3回捕ったら守備者交代ぐらいでいいと思います。

　この練習はパスを出したらすぐに次の位置に動くキックアンドゴーの感覚を身につける練習ですが、そのためには、ボールをキープしている間に次にどの位置に動くかを考えなければならないということです。考えながらも正確に蹴る能力を高めるのだと理解して練習してください。ところで、この練習ではCに走ったAは必ずトラップしますが、図右でAが走るCの方向の先にゴールがあれば壁パスからのシュートになります。このように、練習がどのように試合とつながるのかを考えることも重要なメンタルトレーニングだと思います。なお、初心者に動きを覚えさせるために、私はキックの代わりに手で拾ってアンダーハンドパスでボールを回す練習をやらせることにしています。ボールを取られることなく安心して周りを見れるので、ボールを取る位置と動きだすタイミングの関係が理解しやすくなるからです。

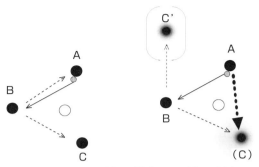

図Ⅲ-2-10 3対1〈左〉と2対1〈右〉

左がウォーミングアップでよく使われる3対1。AからボールをうけたBは、Cに回してもAに返してもいい。Cを外したのが右の2対1。このままではボールが回せないので、Aはボールを出したらすぐにCに走り込んでボールを受けることで同じようなパス回しができる。

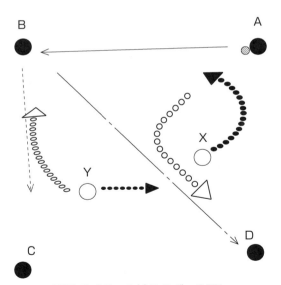

図Ⅲ-2-11 4対2のボール回し

XはAからDへのパスコースを消しながらAに近づく。AはBにパスするが、Xはそのままボールを追うのが原則。その時、Yが右に寄ってDへのパスコースを消す。Bのトラップ時にYの方が近ければYが近づき、Xは白抜き矢印のようにDへのパスを防ぎながら下がる。

2対1が主として攻撃の練習であるのに対して4対2は守備の練習です（**図Ⅲ-2-11**）。もちろん、2対1でも守備役の選手はワンサイドカットで構えて、毎回タックルするのではなくチャンスを待ってチャレンジする練習にはなっているのですが、4対2は2人で連携してボールを取りにいくので、ワンサイドカットの練習のみならず後ろを意識して近づく必要があり、2人で連携しての守備練習になります。

この練習では図にあるように、AからBへのパスでゲームを開始します。前の第1ディフェンダーXは自分の後ろのAにパスされないようにワンサイドカットしながらBに近づきます。そして、Bへのパスが弱い時はトラップする瞬間にタックルしてボールを奪います。Bにボールが渡った時、後ろの第2ディフェンダーYは基本的には、図の太い点線矢印のように右に移動してはじめと同じ位置関係をキープします。YはCへのパスを想定して守りますが、その意識が強すぎると絶対やらせてはいけない一点破線で示したDへパスされてしまいます。このパスが、実戦では2人の間を通すスルーパスになります。また、パスされ時点でYの方がXよりもBに近い場合はYがアタックしますが、それを見たXは白抜き矢印で示したように、Dへのパスコースを塞ぎながら下がって最初と対象な配置となります。それによってXYの前後の役割が交換され、ボールの動く方向も逆になります。さらに、YはBがトラップミスをした時にXと一緒にボールを奪いに行きますが、その時も、Dへのパスを通せさせないように注意します。

4対2の練習の意味は少し複雑ですが、2人のDFの相互補完と意思疎通を共有する練習と理解して行ってください。この練習もウォーミングアップとしてチンタラやっていることが多いですが、2人でタイミングを合わせて取りにいく練習ですので、気を入れて捕りにいってください。XとYが役割交換する場合、どちらも主導権を取ることができます。ただし、はじめに判断した選手が必ず声を掛けてください。Yが判断する場合は「俺がいく」あるいは「後ろ頼む」であり、Xが判断する場合は「いけ」あるいは「任せる」でいいと思います。それによって、XもYも体系の変更を理解したと認識して安心して新しい役割に没頭できます。これをまじめに1分もやれば息切れするはずです。はじめのうちは簡単にCやDまでパスされてしまうかも知れませんが、失敗

を重ねるうちに少しずつ動きが分かってくると思います。

　このように、2対1は攻撃の、4対2は守備の基本練習であることを理解して練習してください。また、4対2の練習では何回かボールが取られたら攻守交代しますが、Dにボールが渡るとマイナス1としてペナルティを科す場合がよくあります。これはDへのパスがスルーパスに値するという考えに基づいていますので理解しておいてください。その他にも、スモールスペースでの1対1のボールキープや小さい四角形の対辺をゴールとしたドリブルゲーム等様々な練習メニューがありますが、それらは普通の指導書を見て、何が練習課題なのかを理解しながら行ってください。

第3節 ▶ 試合でのゲームコントロール

1 パスカットの原則

　ところで、いくら体力があってもボールが敵にある間ずっとボールを捕りに追いかけていたら参ってしまいます。相手のボールを捕りに行くのにも原則があります。

　その第1は、相手の完全なコントロール状態にあるボールはむやみに捕りに行ってはいけないということです。たとえば、トラップして完全に自分のボールにしている5m先の相手に全力でダッシュして捕りに行ったら、チップキックで背後にボールを出して走り込まれてしまいます。近づくことで自分の背後の危険なスペースが広がることは**図Ⅲ-1-4**で説明しました。自分の背後を警戒しながらすみやかに近づいて、ワンサイドカットで構えるのが守備側の第1の任務でした。

　パスコースを限定するのがこの第1DFの役割ですので、パスがきそうな相手をマークしているもう1人のDFがパスコースを読んでパスカットできれば最高です。しかし、この選手がパスカットにばかり気を取られて、やはり自分の背後をつかれてはいけません。パスを出された瞬間に全力で近づき、トラップの瞬間にねらえる距離がベストです。しかし、この距離だと自分の背後のスペースに走り込まれる可能性があるので、もう少し離れて、トラップミスが生じた時にそのボールを取れるような位置をとるのが普通です。

　実はこの原則は、前に説明した「ボールとマークする相手の両方が見られる位置に構える」という原則と、常に一致するとは限りません。この場合、パスカットを狙うDFがボールとマークする相手を見通せる位置はもっと後ろです。しかし、そうすると、横へのパスでウィングはフリーになってしまいます。したがって、自分の背後のスペースの脅威と守り方の両方が理解できたら、自分の背後をつかれない範囲で、マークすべき相手に近いゴールとボールを結ん

だ位置をとるべきでしょう。ボールの逆サイドは斜めからボールがくるので、相手との距離をとらないと簡単に背後をつかれてしまいます。したがって、前に説明したシーソー状の守備隊形が維持されます。

うまくポジションをとっていて、パスのスピードが少し遅くなれば、トラップした瞬間にタックルにいけるでしょう。しかし、その瞬間に間に合わないと判断したら、すぐに気持ちを切り替えてトラップの様子を注意深く観察することです。一般的に、トラップ直後は自分のボールになりきっていないのでチャンスです。この時点では、ある程度プレッシャーをかけてもよいでしょう。しかし、このトラップ時点にも間に合わなかったら、やはり、むやみにボールを捕りに行ってはいけません。ワンサイドカットでボールコントロールのミスを待つのです。この段階で第1DFが交代したことになり、同じ状況が繰り返されます。このようにして相手のミスを待ってボールを捕りに行くのが守りの原則です。

繰り返すと、①パスコースを読んでパスカットする、②トラップの瞬間をねらう、③トラップが大きくなるところをねらう④ボールコントロールのミスを待つ、という4つが、ボールを奪取するチャンスです。この原則は、前節の最後で説明した4対2の守備側の心構えと同じです。いつもチャンスがあるような気持ちでガツガツしていると、簡単に裏をとられてシュートを許すことになります。つまり、パスカットはパスの裏返しです。この場合、どの動きをとるかは攻撃側が決めるので、守備側が自分から勝手に動いては負けです。攻撃側の動きをよく見て攻めの意図を見抜く必要があります。ジーコの本にも、パスカット（パス・インターセプトというのが正式な英語で、ジーコの本ではそう使っています）は失敗すると危険だと書いてあります。

特に、ボールを持っている選手がフリーの場合は、決して守備側から目的（たとえば、「タックルにいく」）を決めて動いてはいけません。攻撃側の選択肢がたくさんあるからです。中盤でのプレスディフェスがはやっていますが、中盤でボールを持っている選手に厳しいマークをしている状態だからこそ、他の選手も協同してボールを捕りに行けるのです。たとえば、中盤でボールをもらった選手がフリーなのにプレスディフェンスだからといって皆でその選手を囲みに行っても、DFがその選手に近づく前に近づいた選手がマークしていたフ

リーの選手にボールが渡りたちまちピンチになります。攻撃側のパスコースが限定されるようなマークがなされた時にのみ、守備がボール奪取の主導権を握れるのです。

❷ パスカットができない時の守備

　ここまでは、DF は自分から動いてはいけないと説明してきましたが、例外もあります。スピードドリブルへの対応です。はるか前のスペースからスピードドリブルで接近してくる敵にその場で待っていては完全においてきぼりを食らってしまいます。

　こういう場合は全速力で近づく必要があります。ただし、相手の直前までそのまま行ってはいけません。そんなことをしたら自分の走ってきた後ろにちょこんとボールを出されて、簡単に裏をとられてしまいます。そのため、半分まで行ったら今度は下がりながら、トラップの時と同じようにボールならぬ敵の速度に合わせるのです。そうすれば、裏にボールを出されても同じスピードでダッシュできるので、簡単には抜かれません。このUターンのタイミングが問題なのです。タイミングが早すぎればダッシュで前進した意味がありませんし、遅すぎればやはり裏をとられてしまいます。

　この時、まっすぐ前進するのはやはりよくありません。せっかくワンサイドカットを習ったのですから、こういう時に応用してみましょう。あらかじめ、カットしたい方向（普通はゴールから外へということはもう憶えましたね）に寄ってコースをふさぐのです（**図Ⅲ-3-1**）。これは、ボールを持った敵との距離が離れているからできるのですが、これによって、敵はゴールから遠い方へドリブルせざるを得なくなります。

　このポジショニングは、ボールを持っている選手のコースを持っていない方の選手が意図的に変更させたことになります。つまり、普通はボールを持った選手の都合に合わせたゲームが展開されるのですが、このように動くことで守っているチームの都合に合わせることも可能になります。

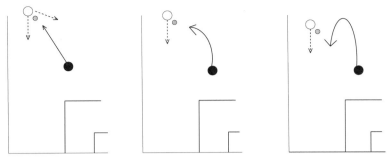

図Ⅲ-3-1　ドリブルコースを守備側が決める

左のように単純に近づくと、FWはどちらの方向にもドリブルできる。真ん中のように片方に寄りながら近づくとドリブル方向が規制されるので、他のDFが相手の攻めを予想しやすくなる。安易に取りに行くと抜かれるので、ワンサイドカットの姿勢で右のように並行して走りながら間をつめてタックルのチャンスを狙う。最悪、クロスを上げる瞬間に足を出して止められればよいと考えてプレーすること。

3　原則を崩す動き

　ここまでは、守備の選手が心得るべき原則を説明してきました。しかし、これらは、自分1人で責任を持ってマークするという状況での原則です。仲間がいる時は違ってきます。その典型的な例がSWと他のDFの関係です。カウンターで敵のFWが突進してきた時、後ろにもう1人SW役の選手がいれば、DFの選手は突進のコースを1つに限定して果敢に突撃すればいいのです。この場合、敵のFWはその裏をとって、突進をフェイントにして引き球で切り返して、中に入ろうとしますので、それだけを警戒していれば、限定した逆側のコースは抜かれてもSWがカットしてくれます。1人で守るつもりで途中で減速したりすれば、向こうの思うつぼです。普通は、そういう時の1対1に強い選手をFWに使っているのですから。

　その他にも、カットの状況に応じた原則があり、その時には、やみくもにボールを捕りにいってよいこともあります。例を図Ⅲ-3-2に示しておきましたが、2人で協力してボールを捕る時の役割分担は十分に理解しておいてほしいです。このような場合は、敵が完全にボールを支配していても、果敢に攻めていいです。つまり、カットした側から、切り返しだけを警戒して追えば、ボール

図Ⅲ-3-2　1対2の守備

後ろのDFが「左から」と指示し、自分もアタックできる距離になったら「行け」と声をかけてボールを取りに行かせる。

を持った選手は、後ろのDFが予測している左方向へ行かざるを得ません。ゲーム中に「今から2人で捕りに行こう」なんて宣言できませんので、後ろから声がかかったら前の選手はその意図を理解で協調した動きをしなければなりません。通常のワンサイドカットは、片方は完全に防ぎながらも、もう片方もあわよくばふさいでやろうと思って守るのですが、1対2の場合は、片方さえ100％押さえればいいので、守りの意識が違います。そして、周りもそのことを理解して次の進展に備えているのですから、その100％守れと言われた方向を抜かれたら、大ピンチになります。そのことを十分に理解して近づかなければいけません。

4 フォーメーションの問題

　ここまでフォーメーションについてはほとんど問題にしないできました。その理由は現代サッカーは急激に進化していて、現状の選手に合わせてフォーメーションを変えるような動きもあり、理解しづらいからです。そこで、1960年代頃からの変化を少しだけ辿って、変化の意味を考えてみることにします。その理由は、その中に現代サッカーのエッセンスがあると思うからです。

　私の小学校時代はクラブもなく、校内大会は FW5 人、ハーフバック（HB）3 人、フルバック（FB）2 人の布陣でした。ドリブル技術がつたなかったのでこれで十分でしたが、技術の高い世界では HB を 1 人下げた WM 隊形が生まれました。これは、センターフォワードと両ウィングを FB が担当し左右のインナーを HB がマークするというものでした。それでも技術の高い FW を押さえられなくなり SW を置いた 4-3-3 システムが生まれました。

　この後の変化はサッカーの戦術的理解に必要と思われますので少し説明しておきます。4-3-3 は当初ブラジルが好んで使っていたようですが、真ん中の MF3 人のうちの 1 人が守備的働きに特化することが多くなりました。彼がボランチと呼ばれるようになりますが、そのボランチが守備時に SW となると DF が 1 人余りますので積極的に攻撃に参加できるようになります。このような立場の選手はウィングバックと呼ばれるようになりました。一方、守備の意識が高まり、どの場面でも守備者を 1 人余らせて守ろうという戦術が普及すると、これをどう破るかが攻撃の課題となりました。トップの FW には常に DF が張り付くので、この DF を連れて前後左右に動いてスペースをつくり、その空いたスペースに第 2 列から入ってきてチャンスを作る事も多くなります。そうすると、HB が自分をマークする選手の裏に出て攻撃に関わる機会も増えるので、HB はミッドフィルダー（MF）と呼ばれるようになりました。

　このように FW が動いてスペースをつくるのであれば、始めからいなくともいいのではないかということになり。4-4-2 が考案されました。2 人の FW が左右に動くだけで広いスペースが生まれますが、そのスペースはすぐに DF に埋められますので、有効に使えるのは一瞬です。MF が 4 人になればボランチを 2 人置けますし、FW を 1 人にして飛び出し役の MF をその下に配置す

れば 4-3-2-1 のフォーメーションになります。

　少し推測も入れて大胆的にフォーメーションの変化を記述しましたが、このように理解することで戦術の基本的な考え方を理解すれば、チームの動きとチーム内での自分の動きの反省に役立つと思い、あえて記述しました。

5　戦略の問題

　本書は楽しく初歩のサッカーが上達するために必要な基本的な考え方を紹介することが目的ですので、戦略の問題は簡単に触れるだけにします。

　戦略とは、戦術よりも抽象的なレベルの作戦です。たとえば、ボールに意識が集中するのでそこに向かってくる敵の裏を取るのが基本戦術だと説明してきましたが、中盤の何人かで回し続けると、そのボールへの意識がますます大きくなってきます。そこで、個人技のある選手を何人か抱えていれば、中盤ではあまり急がずにパスを回し続け、そのうちに 1 人が裏を取ってそこにボールを出す戦法にしようとゲーム前に決めていれば、より高度な戦術であり、チームとしての戦略につながります。

　「今日は、前半は守り中心の気持ちでいこう」という監督の指示も戦略です。戦略は、複数の選手、最終的にはすべての選手が共通理解を持っていないとなかなか成功しません。前節で説明した認知地図の共有はもちろんです。認知地図の説明では、無理なゴールへの突進よりはバックパスなどの迂回攻撃が基本だ、というような意味に取れる説明をしてきましたが、いつも安全運転だけをしていたのでは、逆にバックパスを読まれてしまいます。

　皆が適当に強引なプレーを交えて攻撃すればよいのですが、なかなかそうもいきません。7 割の確率を確信しないと強引なドリブルをしない選手もいれば、3 割の確率を感じれば強引にシュートまでいく選手もいます。これは、性格によるものですから、全員に「5 割の確信があったら 1 人で勝負しろ」と言ってもできるものではありません。したがって、サッカーは典型的なボールゲームであり、チームの和が大切であるにもかかわらず、1 人ぐらい、わがままでセオリーを無視する強引な選手がいた方がいい場合があります。

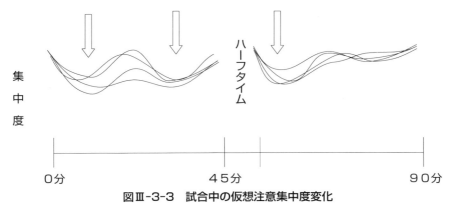

図Ⅲ-3-3　試合中の仮想注意集中度変化

個々の曲線は各選手の注意集中度の仮想変化。矢印の3時点で全選手の集中度が下がっている。この時、誰かが「気を抜くな！」と叫べば集中度が回復する。

　もっとも、これは程度問題ですが、このように個々のプレースタイルを考えてメンバーを決めることが、戦略の大前提であり、戦略のセオリーです。あなたのチームにいつも自分勝手にボールを運んでしまう身勝手な選手がいて、いやだいやだと思いながらもなんとなくその存在を認めている選手がいるとしたら、こういう意味でチームになければならない選手なのでしょう。

　このように、チーム全体のことを考えてプレーすることは重要です。チーム全体が今どういう状態かを個々の選手が把握することが大切です。ゲーム中に声を出せという指示をよく受けると思いますが、むやみやたらに意気を鼓舞するために「ガンバ！」などと声を出すのは意味がありません。しかし、そう言うべき時、つまり、チーム全体がそういう言葉を必要としている時期は、試合中に何度もあります。その時には、そのことを理解して声を出すことが大切です。そういうことを理解している選手が多いほど、いいチームです。

　その時期に声をかけることが大切な理由はいろいろあると思いますが、その意味の一例を図で表してみた（図Ⅲ-3-3）。人間は、四六時中張りつめて注意を集中することはできません。それは、サッカーのゲーム中も同じです。また、90分間声をかけ続けることもできません。そうすると、みんなの注意散漫が重なる時が必ずあるはずです。この時が、もっとも危険な時間帯です。こういう時にボールデッドになると、一瞬緊張が途切れてマークを忘れてしまいます。

「声を絶やすな」という指示は、こういう時に有効なのです。機械的にでも、敵にボールが渡ったら「マーク確認」という声を出すことをやっていれば、少しは注意を取り戻せます。しかし、こういう定期的なかけ声は、慣れを引き起こして、あまり、他の選手の心に響かなくなります。疲労している時はなおさらです。

　こういう時に、いつも声を出していない選手が「気をつけろ」と叫ぶと、効果抜群でチームが引き締まります。このような、心理的な問題を理解することも、一流選手として勝つゲームをするためには重要です。しかし、この本の基本的な目標は初心者がうまくボールを蹴れて、サッカーの面白さを体験できるようにメニューを提示することですから、これ以上は触れないことにします。

　声を出すことで1つ思いだしましたが、ゲーム中に他の選手のことを考えて出す声も大切です。日本代表監督であったオフト監督がそれをコーチングという言葉で表現して有名になりましたが、自分で考える習慣をつけることを最大の指導目標としているジーコも、守勢にたった選手にたいして周りが声を出して指示してあげることの重要性を何度も指摘しています。

　もう1つ、個人技においても、声出しの重要性を示した研究がありますので、それを紹介してこの章を終わりたいと思います。これは外国の研究ですが、シュートの時に、何も言わずに蹴った場合と、〝downlock〟と動作内容を表す言葉を発っしながら蹴った場合でどの程度結果が違うかを実験したものです。この言葉は「足首をロックして低く蹴れ」という意味を短く表現したもので、日本語で言えば、「足首固定で浮かすな」と言いながら蹴るようなものだと思われます。そうすると、言葉を発した方がよい結果でした。

　研究として厳密に考えると、プラシーボ効果を無視しているので、「決めるぞ」というような技術と関係ない言葉を発する条件も実験して比較しないと完全とは言えません。しかし、たとえそのような条件で同じくらいよい結果だったとしても、何も言わずに平然としてシュートするよりも、「地を這うシュートを入れたい」という気持ちを何らかの形で言葉にしながら蹴った方がいいという結論になります。この後に同じような研究が続いているわけではありませんが、自分にフィットする言葉が思い浮かんだ方は、試してみてください。

　なお、この技法は、セルフトークと呼ばれて、メンタルトレーニングの分野

ではよく使われる技法です。詳しく知りたい方は、メンタルトレーニング関係の本をお読みください。また、サッカーの心理学的研究については、日本フットボール学会の機関誌「フットボールの科学」に私が書いた総説をお読みください。

第４章

練習の心構え

第1節 ▶ やる気と反省

第3章までの説明で、何をどう練習したらよいか、また、チームプレーを身につけるためにはどんなふうに考えたらよいかが、少しはわかったと思います。後は練習あるのみです。しかし、まだ書いておきたいことがありますので、もう少しつきあってください。うまくなるためには、「うまくなりたい」という情熱だけではだめです。サッカーとうまくつきあうための理性的な工夫が必要です。そこで最後に、サッカーと直接的間接的に関係する研究から、練習のヒントとなるものを中心に少しだけ紹介します。

まず、やる気の問題です。「やる気」というとすぐに試合前の「絶対に勝つぞ」という意味を込めたエールや「絶対にシュートしてやる」という気持ちを入れてキックすることをイメージするかも知れませんが、本当に強くなりたいと思ったら、練習や試合をするときよりも、終わったときの反省に注意を集中しなければなりません。つまり、一生懸命やった後で、うまくいったかどうかをうまく反省できた人がどんどん上達するのです。

そして、反省するためには、やった練習（技術の場合は1回のキックやトラップ等、戦術練習の時は5分のパス回しや10分のミニゲーム等）がどうだったかという結果を詳しく知る必要があります。学習心理学の専門家は「結果の知識」を意味する英語 "Knowlege of Results" の頭文字をとって、KRと呼んでいます。このKRがまったくないと、学習はまったく進みません。

この意味をボウリングの練習で考えてみましょう。投げたボウリングのボールがレーンの半分を越えたら常にカーテンでピンをかくすことにしたらどうでしょう。絶対に上達できませんね。つまり、自分がやったことの結果をまったく知ることができなければ、人間はうまくなれないのです。このこと1つをみても、結果を知ることがいかに重要だかわかるでしょう。

この結果には、自分で簡単にわかるもの（内的情報）、たとえば、ボウリングで何本ピンが倒れたかという知識と、自分ではよくわからないけれども人から教えられて理解するもの（外的情報）、たとえば「今の投球はテイクバックが小さかったよ」という友達の指摘とがあるのです。つまり、コーチの話は選

手にとっては外的情報なのです。ですから、いくらコーチが選手に注意をしても、選手がそれを理解して次の練習で実行しようと心がけない限り、上達するために活用できません。主体的に考えて練習しなさいというのは、こういう意味なのです。

　我々人間は、どんな仕事でも、どんな娯楽でも、課題を学習する時には、内的情報と外的情報を元に反省して練習を繰り返します。ですから、練習にとりかかるときのやる気だけではなく、内的情報や外的情報を取り込むこと（反省すること）にも、やる気を起こす必要があります。このとき、反省のための情報は、多ければ多いほどよいというものではありません。このことは実験心理学的に確かめられています。情報を取り込まなければならないのですから、自分で取り込める（理解できる）量を越えて情報をもらっても処理できない（考えられない）のです。

　たとえばあなたが、インサイドキックの欠点を３つ持っていたとしましょう。インサイドキックの練習の時、その３つすべてに注意を集中するのではなく、そのうちの１つに注意を集中して練習すべきなのです。あなたが、マークを離さないことと味方ボールになったらすぐに空いたスペースに動くことをミニゲームの目標としているのなら、そのうち片方をはじめの練習試合で目標にし、次の練習試合でもう２つの目標を意識するようにすべきです。そうすれば、目標通りにやれたかどうかの反省も簡単です。簡単だということは、反省が正確にできるということです。

　このことは、内的情報は自分で見つける反省材料ですから、どこに反省材料がありそうかを自分で考えながら練習することによって、情報の量を多くも少なくもできるということです。そのとき、反省材料を集めすぎても少なすぎても、上達は遅れます。

　同じことは外的情報についてもいえます。「コーチは、選手が一度に処理できる（考えられる）以上の指導をしないこと」というのが指導の原則です。良いコーチはこの原則を守っているはずです。しかし、コーチの方がサッカーをよく知っていますから、情熱を傾けすぎると、指導過剰に陥ることがあります。私も時々「今日は多く言いすぎたかな」と思う日がありますが、あなたも、尊敬しているコーチの発言に対して「うるさいなあ」と感じる日があるはずです。

しかし、お互いに人間ですから、時にはこういうこともあって普通です。そういう時は、あなたの方が積極的に外的情報を整理して、今日はコーチのこの指摘だけ聞いたことにして練習しよう、と考えればいいのです。すべてコーチの言う通りに考えたり行動したりする義務はありません。もし、自分の言う通り練習することを強制するコーチがいたとしたらみんなで文句を言ってやめさせるか、そんなクラブはやめてもっといいコーチのいるチームに入りなおすべきです。したがって、指導者の立場から考えると、指導する時にはこの事実を理解して選手に伝えるべき言葉を厳選しなければならないということになります。

　ところで、チームプレーの善し悪しを反省することはとても難しいことです。なぜなら、これまで書いてきた反省を各選手が行い、その各選手の反省が同じにならなければならないからです。そのためには、前章の最後で書いた、自分のチームの戦略についての理解が共通していなければなりません。しかも、その理解が単に監督の指示を鵜のみにするのではなく、皆で話し合って理解に達したものでなければ、刻一刻状況が変わる実際の試合では使えません。皆で話し合う時間でのやる気も大切です。

　いずれにしても、自分で考えて行動することが肝心です。このことは、ジーコが『ジーコのリーダー論』に書いています。少し長くなりますが、彼の考えは大変参考になるので、紹介しておきます。

　　組織全体が目的をきちんと把握できたなら、今度は、ひとりひとりにその目的を達成するための役割を認識させなければなりません。同じひとつの目的に向かっているとしても、立場が違えば、当然その役割も異なります。サッカーでいえば、フォワードとミッドフィルダーとスイーパーではまったく働きが違ってくるのです。そこで、そのポジションに見合った役割意識を植えつけていかなければなりません。

　　組織全体の統一した目的意識をマクロの目的意識とすれば、個人の役割意識はミクロの目的意識です。マクロの目的意識を全員が持たないと強い組織にはならないのと同様、ひとりひとりのミクロの目的意識が欠けても強い組織を作ることはできません。

　　私は、このミクロの目的意識、つまりチームを勝利に導くために自分は

何をすればいいのかを理解していない選手は、たとえどれほどの実力の持ち主であろうと使いません。目的意識に欠ける人間がひとりはいっただけで、他の選手の役割分担やリズムまでもが狂ってくるからです。

　［中略］

　役割意識は、そう急に身につくものではありません。他の選手との連携や状況に応じたポジショニングの変更など、練習を積み重ねる必要があります。それに、ほんとうに役割意識を持つためには、チームのために自分は何をやれるだろうと、自分で考える姿勢がなければだめです。

第2節 ▶ 目標の設定

　第1節では、広い意味で自分で考えて練習することがもっとも大切だということを説明しました。ここでは、その時の指針となる目標について考えてみましょう。

　練習して反省する時には、練習の目標が達成されたかどうかが最大のよりどころとなります。ですから、目標がうまく設定されていないと、反省がうまくできません。これまでの研究では、目標が具体的で達成可能であるとき、もっともやる気がでて、もっとも上達が早いということが確かめられています。ですから、この本の読者が「ワールドカップ日本代表になる」という目標を立てるのは、具体的でなく、実行不可能な目標ですから、二重によくないことです。

　もちろん、そういう夢を持っていることは、悪いことではありません。そういう目標を、心理学では理想目標といいます。心理学では、理想目標・現実目標・中間目標、という区分けをして理解しています。あなたが高校生だとすると、チームとしての理想目標はもちろん全国高校選手権優勝ですが、現実目標は県大会優勝で、中間目標は今回の県大会でのベストエイト進出かも知れません。あなたがレギュラーでないとすると、現実目標はレギュラーになることであり、中間目標は次の練習試合で得点することかも知れません。

　そのためには、覚えなければならない技術目標も必要になります。マラドーナばりの技術を理想目標とすれば、基本プレーが無意識のうちにできるほどにうまくなることでしょう。そうすると、中間目標はボールリフティング100回かも知れません。ただし、それを1,000回にしようとむやみに努力することはそれほど大切ではありません。

　それでは、おぼえるべき動作をはじめて練習するときの目標はどうでしょう。この時の一番の問題は、おぼえるべき動作が初心者にはよくわからないということです。簡単な説明やうまい人のVTRは、理想目標の漠然としたイメージを植え付けるだけで現実目標や中間目標はなかなかつかめません。それが、私がこの本を書いた理由でもあります。この本である程度の説明をしたつもりですので、本書の第2章をなんとか理解しながら読んできた方は、技術練習の中

間目標が少しは立てられるようになったはずです。

　しかし、技術がどのように上達するのかについては、本当は、まだわかっていないところが多いのです。上手だった人はその選手経験から、上手でなかった人はその練習経験から、うまい指導法を発見して使っている人は多いのでしょう。しかし、それは、その人にしかできない方法ですし、他の指導者に指導法を伝授するのも大変です。ジーコも言っているように、自分で考えることがもっとも大切なことですから、技術練習の目標も、この本を参考に自分で作ってみたらどうでしょうか。そのとき、技術練習のところでも説明しましたが、動作をやっているときの感覚に注意を払って、それを記憶しておいて、前にやった時と比較して反省してみてください。そうすると、技術の中間目標が見つかるでしょう。インサイドキックに関しては、筆者が動作をより詳しく説明した専門書（『インサイドキック基本編・応用編』）を刊行しましたので、参考にしてください。

　目標が具体的であればあるほど、練習した後の反省も上手にできるはずです。その際、何度も書いたように、自分で反省することが大切です。目標をよく理解してくれている友人がいたとしても、彼に、毎回「いい」「悪い」と判断してもらっていると、自分で考えることを忘れてしまいますから、最終的には上達が遅れます。これは、実験的にも証明されています。ある動作を学習するのに、毎回 KR（前に書いた「目標とこのくらい違うよ」というように他人から教えてもらう結果の知識）を知らせてもらうより、何回かに１回教えてもらう方が上達が早かったのです。KR がなかった練習試行では、いまやった動作がどのくらい目標に近かったかを自分で勝手に判断しなければならなかったのですが、それがむしろ上達に役立ったというのがこの実験結果からの教訓です。

　なお、個人技の発達と試合での使用に関する面白い知見を１つ紹介しておきます。女子サッカー部に入ってくる初心者には、高校の時にソフトボール、バスケットボール等の部活経験者で身体能力の高い学生がいます。彼女らは、この本にあるメニューで練習してどんどんうまくなります。その１人の果敢なヘッディングシュートで勝ち上がり、創部１年目から県のビーチサッカーで僅差の準優勝するなど成績を残しましたが、なかなか優勝できませんでした。その原因は、２年目からその果敢さがなくなることでした。別の年には、ヘッディ

ング練習の初日からジャンプヘッドの練習をジャストミートできた選手がいました。彼女はその年に代表セレクションに呼ばれて、「ソフトボールを6年間やっても呼ばれなかったのに半年で・・・」と言って辞退しました。私は翌年にはそのくらいの実力はつくと思ったのですが、やはり、プレイが柔らかくなり伸び悩みました。私が「考え過ぎだろう」と言うと「色々と考えてしまうんです」との返答でした。サッカーを知ることで思考チャンネルが多くなり過ぎたのかも知れません。

　女子サッカー部は週3日の練習で、文化系サークルで活動している者も多く、サッカーへの関与の質も普通の大学サッカー部とは違うのですぐさま比較することはできませんが、単独スキルの技術目標ではなく、その技術を試合で使う時の目標が鮮明ではなかったのかも知れません。この目標は試合を重ねないと明確にならないので、試合不足も一因と考えられます。この例は、目標が複雑、抽象的になると反省の仕方にも工夫が必要なことを示しています。集団技能や試合の目標を設定する時に考慮してください。

第3節 ▶ プレーの評価

　この節では、選手たちが「あいつはいい選手だ」とか「あいつより俺の方が うまいのに、監督は使ってくれない」とか考えていることについて、私が研究 して得た情報を少し詳しく説明しておきます。ただし、この話は難しいので、 途中でわからなくなったら、読み飛ばして、この節の最後のまとめだけ読んで ください。

　上に示した会話は、この章の前の方で説明したチームの目標を設定したり、 戦術を考えたりするのに重要な要素ですから、このように評価すること自体、 決して悪いことではありません。仲間のいいところはほめるべきだし、チーム 内の不満はどんどん発言するべきです。それで仲が悪くなるようなチームなら、 やめた方がいいと思います。

　しかし、あなたが、どういう根拠でいい選手かどうかの判断をしているのか は、常に反省してみる必要があります。仲間と意見が違った場合は、お互いに その根拠を説明してみることです。そうすれば、どちらかが正しいかがわかる でしょう。ただし、いろいろ話しているうちに、どちらもある意味では正しい とか、第3の正しい考え方が発見される場合が多いかも知れません。

　そこで、私が研究しているいくつかの事例から、プレーの評価を考えるヒン トを提供してみます。

　これは、一対比較法という方法で、チームのレギュラー級選手の上手下手を 全選手に評価させてみたものです。小学生から日本リーグチームまで様々な年 齢のチームを調査していますが、問題を明確にするために、小学生と日本リー グのデータを紹介します。この説明が、あなたの仲間の上手下手を判断すると きの参考になると幸いです。

　詳しい方法は省略しますが、この方法で自分のチームのレギュラー達のサッ カー能力を対で評価させると、チームの中での順位が決まります。これは、人 気投票と同じと考えてもよいかも知れません。しかし、ミスなんとかの審査み たいに、1つの順位だけを決めるのではありません。ミスの審査に着物審査と 水着審査があれば、当然、別々の順位があるはずなのに、総合した順位だけを

①総合力	②攻撃力	③守備力	④個人技	⑤チームプレイ
⑥ヘディング	⑦シュート力	⑧タックル	⑨正確なパス回し	
⑩パスカット	⑪１対１の守備		⑫１対１の攻撃	
⑬攻撃時のポジショニング	⑭守備時のポジショニング		⑮他の選手を使う力	

表２　サッカー能力の一対比較の評価観点

つけるというのは、ちょっとおかしいですね。

　レギュラーのリストを見せられて「サッカーのうまい順にレギュラーを並べ替えなさい」なんて言われたらあなたは困るでしょうか。こう言われてあなたが順位をつけたとすると、それは、サッカーの総合的な力の評価順位ということになります。これを、総合力の順位と呼ぶことにします。そうすると「守備力にしぼって順位をつけるとどうなるか」とか「個人技のうまい順に順位をつけるとどうなるか」などということも、頭に浮かんできます。監督が怪我したディフェンダーの代わりに誰かを入れようとすれば、当然、控えの中で守備力にもっとも優れている選手を指名するはずですから、そういう判断は日常的に行われています。

　こういうことを人工的にやらせると、次に「じゃ、総合力の順位は、守備力の順位に近いんだろうか、それとも、攻撃力の順位に近いんだろうか」という疑問が湧いてきます。そこで、総合力の順位と守備力の順位が似ていて、総合力の順位と攻撃力の順位が似ていないチームがあるとすると、このチームは守備力のある選手をいい選手だとする傾向のあるチームだということになります。

　私は、この評価の実態を研究するために、レギュラークラスの選手を対で示して、**表2**にある15の観点でどちらが勝っているかを判断をさせました。ですから、15の観点から、各選手の評価順位がつけられることになります。私は、その観点間の似ている度合を研究しました。

　このことを研究するためには、似ている度合を数字に表さなければいけません。そこで、順位相関係数というものを計算して使いました。これを計算すると、2つの観点順位がまったく同じだと1.00で、まったく関係ないと0.00に

なります。順位が逆になる、つまり、攻撃で上位の順位の選手が守りで下位になるようだと、マイナスになる場合もあります。しかし、総合力で1番の選手が、攻撃力では最下位だったり、同じ選手が守備力で下から2番目なんてことはほとんどないので、総合力と守備力や総合力と攻撃力とはある程度似た順位になり、相関係数も、普通は0.5以上になります。

　選手の経験年数にばらつきがあって、たとえば、レギュラーのうち5人は小学校1年からサッカーをやっていて後の6人は中学で始めたばかりだ、などというチームで調査すれば、どの面からみても経験者の方が上なので、全体的に相関係数は大きくなります。ですから、チーム内での相関係数の比較が重要です。しかし、これ以上話すと難しいことになるので、2つだけおもしろ例を紹介して、サッカーについてより深く考えるヒントにしたいと思います。

　1つは、個人技の評価順位を**表2**の6から15までの観点の順位と比べてみた結果です。小学生と日本リーグチームの違いがわかるように、**図Ⅳ-1**で説明しましょう。

　日本リーグ2チームで個人技の順位と似ているのは、⑨正確なパス回し、⑬攻撃時のポジショニング、および、⑮他の選手を使う力、です。つまり、日本リーグ級の選手は、単にシュートがうまい選手を「個人技がある選手だ」とはみていないということです。

　ところが、小学生の評価は白い棒で示すように、どの観点からの評価も個人技の評価と高い関係にあります。調査対象はある県のチャンピオンチームでしたが、総合的に個人技があると評価された選手は、個々の具体的技術についてもやはり優れていると評価されているということです。よくみると、日本リーグ選手ではほとんど無視されているタックルの技術や、あまり評価されていないシュート力の順位が、個人技の順位に似ています（相関係数が大きい）。これは、お互いのサッカーのうまさを個々の技術の観点から正確に評価できるだけの理解力を持っていないと解釈されています。小学生だからしょうがないのだと思いますが、個人技の順位がシュート力の順位ともっとも似ていることは、攻撃重視、もっと言うと、攻撃しか頭に入っていない思考パターンです。これが、戦術解説の最初で「まずは、守備について考えろ」と強調した理由です。確かに、シュートが入ればスカッとするし、かっこいいですが、こんな小学生

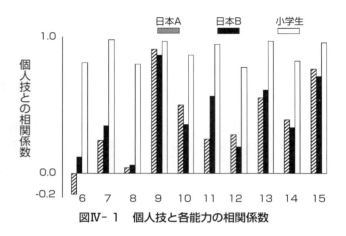

図Ⅳ-1　個人技と各能力の相関係数

のような考えをいまだに持ち続けているとしたら問題です。

　この小学生の攻撃重視の見方をもう少し理解しようと思って、このチームの顧問とコーチの評価も調査してみました。**図Ⅳ-2**はその結果です。**表2**の7から14までの観点は、攻撃的プレーと守備的プレーが対になっていて、7から10までが個別個人技で11から14までが他の選手も関係するプレーです。ですから、7から10までのいくつかの個人技とトータルな個人技の評価順位が似ていて、他の選手も関係するプレーの評価順位とチームプレイの評価順位が似ているとはじめは思っていました。しかし、調査してみると、小学生以外のすべてのチームで、攻撃的プレーの評価と個人技の評価が似ていて、守備的プレーの評価とチームプレイの評価が似ているという結果でした。

　ところが、小学生選手だけが、自分達を評価した場合、攻撃力との相関係数もチームプレイとの相関係数も攻撃的プレーとの相関係数の方が高い結果でした。図の中で黒く示した棒が攻撃的プレーとの相関係数で、全体的に白抜きの棒よりも1.00に近い値になっていることがわかるでしょう。しかし、図の右の方に示したように、同じ選手たちをコーチや顧問が同じ方法で評価すると結果は違っていました。彼ら大人は、より年齢の高い日本リーグチームの結果と同じように、個人技とは黒棒が高く（攻撃的プレーと相関が高く）、チームプレイとは白棒が高く（守備的プレーと相関が高く）なっているのです。

　つまり、同じ選手をみていても、大人は、守備的プレーを上手にこなす選手

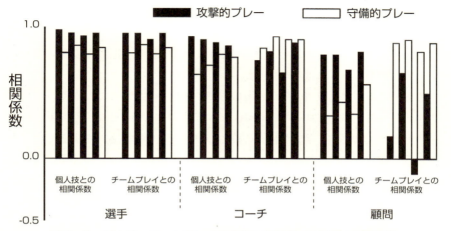

図Ⅳ-2 個人技・チームプレイの評価と各観点での評価の相関係数

をチームプレイがうまいと評価していることがわかります。しかし、同じ大人でも、コーチと顧問では、かなり評価の結果が違っています。これは、コーチがサッカーの経験者であるのに対して、顧問は体育の教師ですがサッカーのクラブ経験がないことによる違いです。

　この調査では、たとえば、センターフォワードと（CF）ストッパー（ST）を比べてどっちが守備力があるかと聞いているのですから、ある意味では無責任な質問です。しかし、小学生チームから日本リーグチームまで、「こんな質問には答えられない」と言って回答しなかった選手はいませんでした。この質問には、この CF を ST で使ったら今の ST とどちらが上かな、などと考えて答えているのだと思います。顧問は野球が専門でサッカーのことをよく知らなかったので、この比較が苦手だったと考えられます。しかし、チームプレイを個人技とは分けて考えていたことだけは確かです。小学生は、いろいろな見方での評価を聞かれても、かっこいい攻撃的プレーのイメージに引きずられて、そういうプレーの印象がある選手をうまい選手と答えたらしいのです。

　この節は少し難しかったかも知れませんが、小学生は「あいつは守備がいい選手だ」などとうまく考えられないのだということを知っていただければそれだけでいいです。この攻撃重視の姿勢は人間の本性かも知れないからです。前にも説明しましたが、この目に見えない悪魔の糸を少しだけ残して（ここぞと

いうときには全力を傾けて攻撃に参加すること）、攻守の全体に目配りすることが、いい選手になる条件なのです。子供時代に経験した麻薬とも言えるシュートの快感をすべて捨て去るのは難しいですが、それでは全員攻撃全員守備の近代サッカーのエースにはなれません。

　なお、この一対比較法では単に各観点での順位を答えるのではなく、すべての選手対に答えていますので、A<B、B<C でも、A<C でなく C<A という矛盾したケースが出てきます。その後のパソコン上で回答させた調査では、その割合を観点ごとに計算すると、どのチームでも守備の観点での評価がもっとも高い割合でした。そして、守備の回答時間が最も長くなりました。このことは、守備の評価がもっとも難しかったことを示しています。これらのデータは、指導者にとって指導の役に立つ引き出しになると思います。

第4節 ▶ フェアープレーについて

　いま、世界的にも、Jリーグでも、汚いプレーやラフなプレーが問題になっています。しかし、この問題に対する正解などないのでここでは結論は出さずに、考えるヒントだけを書いておきます。

　まず、スポーツは何のためにやるのか知っていますか。若い年代では、ただ楽しいからやっているんだ、と答えるかも知れません。でも、ただ楽しみでやっているだけなら、昆虫採集やままごと遊びと同じなのですから、国がたくさんのお金を使って体育館や球技場を作る必要はないはずです。やりたい人がお金を集めてやればいいからです。

　スポーツは国民の大多数がやりたく思っている娯楽だからこそ、国もたくさんお金を出してスポーツを奨励しているのです。しかし、その裏にはもう1つの理由があります。文明が進んであまり身体を動かさなくてもよい仕事が増えると、健康に悪影響が出ます。ですから、国としては皆にもっと運動をさせたいのです。そうすると病人も減って病気を治すためのお金を別のところに使えるので、消費税でもめることも少しはなくなるでしょう。

　そのことはさておき、スポーツの語源は気晴らしという意味ですから、「単に面白いからサッカーをやってるんだ」という説明は間違ってはいません。しかし、上に書いたような現状ですから、多くの人は、スポーツとは精神と肉体の健康のためにやるものだ、と思ってしまっています。

　しかし、私は違うと思います。そうならば、そのスポーツでお金もうけをしているプロ選手は何なのかよくわからなくなります。彼らにとって、スポーツは職業ですから、お金がもうかるように行動するのは正しいのです。お金がもうかるためには、試合で勝つ必要があります。ですから、ファウルしてでもシュートを防ごうとする気持ちもわかります。けれども、意図的なファウルは、わいろを使って金もうけをする悪い商人と同じです。

　ところが、商売の分野でも違法すれすれの行為があるように、ある人からみれば意図的と思われるがある人はそうは思わないようなきわどいファウルがあります。どこまでのファウルなら自分は許すか、また、どこまでのファウルな

ら自分でもやるか、の基準は個人個人で違います。ちょうど、戦後すぐの時期に、法律を守って闇米を食べることを拒否して餓死した裁判官がいたように、ルールを厳格に守る選手もいれば、ルーズな選手もいます。

　ある国の公務員は簡単にわいろを受け取りますが、ある国では反対にわいろを渡そうとした人がすぐつかまってしまったりします。したがって、ファウルの許容度は、わいろの許容度と同じように、個々のチームや所属リーグ、そして、国情によっても違います。あまりわいろがはびこると国がうまく運営できないように、ファウルプレーも放っておくと、次第にエスカレートして収拾がつかなくなります。

　近代的な国家では裁判所がうまく機能していて、わいろで混乱状態になることはありません。同じように、審判組織がしっかりしていて、個々のゲームの審判がうまくなされていれば、混乱は起きません。現在の審判組織や個々の審判については、様々なメディアでいろいろ言われているように、まったく問題がないわけではないでしょう。しかし、基本的には立派な組織として機能しています。したがって、プレイしている選手がスポーツをどのようなものと考えているかが、より根本的な問題だと思います。そこで、私なりに、スポーツは何かという問いへの答えを書いてみます。

　スポーツは、はっきり2つに分けて考えなければいけません。1つはレクリエーションとしてのスポーツであり、もう1つは競技としてのスポーツです。レクリエーションとしてのスポーツは仕事の合間に皆で楽しんでやるものであり、健康を害してまでやるものではありません。しかし、競技スポーツは、健康を害してまでも勝つためにやるものなのです。このことを誤解している人が多いですので、特に注意しておきたいです。

　サッカーのファウルについて考えるときも、この2つを分けて考える必要があります。レクリエーションとして行われたサッカー試合でのファウルなのか、競技スポーツとしてのサッカー競技の中で行われたファウルなのかによって、あなたの考え方も変えなければなりません。

　競技スポーツは健康を害してまでも勝つために頑張るものであり、そのことをやっている当人はある程度わかっており、お互いに認め合っています。同様に、勝つためにファウルすることも、ある程度はお互いに立場を認め合ってい

ます。したがって、フィールド上でけんかになるのは、相手のファウルを認める限度が自分と違っている時です。自分は許されるファウルと思って相手を倒しても、相手がこんなファウルは許されないと感じた時に問題が起きます。

　選手と審判の関係もそうです。しかし、審判との関係は、警告すべきファウルを見逃した場合と警告すべきかどうかの判断が分かれた場合がありますので、分けて考える必要があります。見逃しのケースは、審判技術の問題ですから、審判のレベルアップが唯一の解決策です。しかし、ファウルの悪質さの判断の問題は選手間で生じる問題と同じです。

　この問題で意見が分かれるのは、ルールの枠内でお互いが死力を尽くして勝ち負けを競うというスポーツへの姿勢、別の言葉で言えば、価値観・倫理観の違いです。あなたのいる社会（あなたの所属するサッカー集団）の倫理観の平均値がファウルの激しさの実状を反映していますが、そのようなファウルの現状に対して、あなた自身がどのような許容度を持つかは、あなた自身の生き方と平均的倫理観の認識度です。やさしい言葉で言うと、「皆が文句を言わない激しいファウルはこのくらいだろう」とあなたが推定しているレベルと「自分はこういうレベルまでのファウルを認めてサッカーをやりたい」という希望が、あなたがカッとならないで冷静でいられるファウルのレベルを決めているということです。

　皆がこういう心理過程から各人のファウル許容度を決めていると考えると、あなたが相手の激しいファウルに対してどういう態度と行動をとったらよいかを考えるヒントが少しは得られるでしょう。

　小学校の体育の授業では、ハンドしたら手を挙げて報告し敵のボールにするというルールでサッカーをやった人も多いでしょう。しかし、これはレクリエーションとしてのサッカーゲームでのみ通用するルールです。もし日本代表のDF吉田麻也選手が、自分はハンドをしたので敵にPKを与えてくださいと審判に頼んでも、審判は自分の目で見ていない限り、そんな申し出には従わないでしょう。ファウルとルールの関係は複雑ですから、あなたが競技スポーツとしてサッカーを続けていく以上は、練習方法とともに、真剣に考えて、自分なりの答えを持っていてほしいと思います。そうでないと、一流の選手にはなれません。最終目標の日本代表はもとより、中間目標であるレギュラーどりも難

しくなるでしょう。

　なお、この問題の本質の理解には、筆者がスポーツ心理学研究者麓信義として書いた『新しいスポーツ心理学入門』とスポーツ評論家杉崎隆晴として書いた『政治経済、そしてスポーツ　競争の現代的意味』や『スポーツは民主主義のバロメーター　スポーツで読み解く競争社会の本質』をお読みください。

後書き

　勤めていた大学の教育学部では、小学校免許を取得するために、国語や数学の他に音楽や体育の実技も習得する必要がありました。赴任時に小学校免許を取る学生は200人を超え、その過半数はサッカー経験のない女子学生でした。当時、中学校の体育教師になる女子学生はサッカー必修でないにもかかわらず、小学校の教師になる学生は女子もサッカーが必修でした。

　なぜかというと、当時は、社会全体が男女平等からほど遠く、中学校の教育現場においても、技術科は男子必修、家庭科は女子必修であり、体育でも、サッカーは男子必修、ダンスは女子必修でした。そのため、元気はつらつな保健体育科の女子学生はサッカーを知らなくても卒業でき、ボールが飛んでくるだけで怖くなる女子学生もいる小学校教員養成課程の学生は「体育」の授業を履修する必要があるので、サッカー実技ができないと卒業できませんでした。

　前著で記述した指導理論や実践メニューは、15年ほどの試行錯誤の体験を通して学習したものであり、本書はその後の25年間で習得した知見を加味して書き下ろしました。その間、最後の15年は女子サッカー部を立ち上げ、サッカー経験はないが大学でやりたいという多くの初心者に出会い指導しました。大学にまできて少数派のサッカーを始めたいという学生は積極性があり、楽しく指導できました。ただし、積極性があるということは他の分野にも興味をひかれるということであり、練習日は週3日であるにもかかわらず、半数以上は2年生が終わる前に辞めてしまいました。

　このような雰囲気でしたので、県代表に呼ばれても辞退する選手が多く、県代表で活躍した選手は1人だけでした。それでも、初年度から県のビーチサッカーで準優勝するなど、チームはそれなりの成績を収めました。

　ところで、本書で度々指摘しているように足技の指導は難しく、少なからずの学校教員はゲームの中で適当にサッカーの楽しさを教えることで授業したことにしています。そのため、ボールの蹴り方（キック）やボールの止め方（トラップ）のような基本動作を熱心に教える大学教員はいないと思います。これは、私の単なる想像であり、実証したわけではありませんが、全国に50ほどある教員養成

学部の教員の手による実技の初心者指導書がないことは、間接的な証明になっていると思います。

　また、そこで教えられた現場の教師の報告論文を見ても、逆上がりの実践例は数多くありますが、習熟が難しいサッカーのキック指導の実践例はほとんど見たことがありません。前著は、クラブでサッカーを始める小学生の指導をイメージして書きましたが、本書では体育におけるボール種目が、単にボールを与えてゲームをさせるだけの授業にならないように、体育の授業を担当する教師も念頭に書きました。読んでいただければ幸いです。さらに、小学生対象のクラブチームの指導に当たっても、サッカー未経験の選手の指導に役立つとも思います。

　私は、ゲーム展開の指導は専門書の説明と卒業してからの授業経験で学べるので、基本技術の習得こそが、面白くないかも知れないが、教員養成課程でのサッカー授業の目標だと考えて指導してきました。学生には、最後の授業で「戦術やルールは教員になってから本で読めばわかるし、若いうちに授業のゲームに参加して上手な児童に聞けば、得意げに話してくれるから、そこで学べばいい」と話しています。

　前著は私のサッカーの授業で教科書として使いました。これはアメリカの大学の学期はじめの教科書販売で、野球やテニスの教科書を見たためです。日本の指導書とそれほど変わらない内容でしたが、少なくとも「きちんと教えないと」という姿勢だけは示していると感じたからです。当時は個人技の指導を体育館で行っていましたので、小さい新書をそばに置いて説明の時に開かせていました。古本屋で見つけると同額で譲るために買ってきましたが、中を開いて見た時、鉛筆で線を引いてあるのを見つけて嬉しくなりました。

　ある時、小学校教員養成課程の授業でインサイドキックの感想を書かせたところ、多くの疑問や感想が集まりました。そこで、回答を付けて編集した印刷物を翌週の授業ですぐに渡してインステップキックの感想を求めたところ、また多くの回答がありました。若かったからできたことですが、その内容を増補版に入れました。今回の出版にあたって、前著を読まなくてもわかる内容で重要と思える項目を最後に再掲してあります。初心者指導に生かしていただければ幸いです。

　本書がサッカークラブと体育授業のサッカーでの初心者指導に役だつと信じています。

初版を授業の教科書として使用した時の学生の質問と回答

1. インサイドキックの指導法

腰の回転をなくす方法がわからない → 蹴ろうとすると回転するので、立ち膝を曲げて腰を沈み込ませる感じにする。

動いているボールだとバウンドしてしまう → 早く蹴りにいって立ち足の前でボールを蹴るから。

親指立てと小指立ての違いが不明 → 違いがわかるまで何回もやってみる。

押し出しの練習後、すぐにバックスイングをつけた練習にはいると難しい → 押し出し姿勢を作って上下動作する練習をバランスが崩れずに続けられるまで繰りしてから蹴る。

膝下でのキックができず股関節も連動する → キックを意識すると、腰が回転してしまう。腰を落として内踝で押す意識でやること。

「強く蹴るときはかかとを強く押し出す」という感覚がよくわからない → 押し出す感覚も結果であり「強く蹴るときはインパクトの瞬間に腰を力ませるようにする」と表現した方がよいかも知れない。その結果、立ち足と腰が固定され、腰下にぶら下がっている蹴り足が鋭く前方へ動き、ボールが速く蹴り出される。

片足で立った時の手 → 左右に開いてバランスをとる（ヤジロベイの原理）。

スライドさせる助走の感覚がよくわからない → 大股歩きで足を前に運ぶ感覚。

連続キックするとボールが弾んでしまう → タイミングが早く膝をボールの上にかぶせずに蹴っている。

部員から立ち足を少し外側に向けて蹴ると強いボールが出ると聞いたが本当か → 足全体をかかとを中心に回して蹴る間違ったキックなので立ち足を外側に向けないと強く回せないと思われる。

右足だけガニ股にならないか心配 → インサイドキック以外のサッカー技術の練習をやらなければその可能性も考えられるが、フィールドを走ること自体左右の足の動きが対称でないといけないので、心配はいらない。

立ち足の膝を曲げて押し出す練習の時「腰を垂直に下ろす」という説明を追加すべき	→ 同感、「下ろす」が「落として素早く止める」になると強いキックになる。
かかとの押し出しとくるぶしの押し出しの違い	→ かかとは本来足の後の部分であり「内踝の方向」が国語的には正しいと思われるが、「くるぶしの位置」はあまり意識できないので、かかとの押し出しと説明している。
正確に強く蹴れる場合もあるが結構窮屈な感じ	→ 慣れればスムーズになるので、ぎこちなくとも力を抜かないで繰り返すこと。
慣れるまで繰り返す必要があるが時間がない	→ 勤めてから生徒と一緒やるとよい。
「つま先を曲げる」がわからない。上の方に曲げるのか？	→ くるぶしの関節をいろいろな方向に曲げてみて下さい。そのうちの1つが小指を立てた曲げ方です。
小指を立てることが膝をしめるためのように感じられた	→ 小指を立てたとき、向こうずねの筋肉以外の足の筋肉も緊張しているので膝がしまる感覚になる。ぎこちなくてもフォームが崩れないように蹴っていれば、だんだん脱力の仕方を覚えてくる。
立ち足の膝曲げに蹴り足の振りを加えて強く蹴る方法は	→ 足を前に振ろうと意識するとフォームが乱れるので、熟達するまでは考えないこと。

2. インステップキックの指導法

「バックスイング後のためを取る」の意味がわからない	→ 地面を蹴った右足のバックスイングが上死点で止まるまで左足で立って何もしないで待つこと。
インサイドキックに比べてボールに勢いがあるので恐怖感をなくすには	→ インサイドキックでボールを出す方は、初期は手で捕球すればいい。でも、基本的には慣れ。ボールをよく見ること。
インパクトの時に棒立ちにならない方法	→ 2、3回立ち膝を軽く上下してから下げるときにスイングを開始して蹴るとよいかも。

膝を柔らかくすると変になる	→ きちんと左足のまん中に重心があれば、膝を緩めてもぎこちなくならないはず。
インステップキックの立ち足の膝はインサイドキックと同じか	→ 立つ時はほぼ同じだが、インパクト時は伸び動作になっている。ただし、意識すると全体のバランスがおかしくなるので、膝下を振り抜くことだけを意識すれば強い振りになると自然と伸びるようになる。
はじめは靴底を押さえて足首を伸ばしていても、バックスイングしているうちに忘れてしまう	→ 足首を伸ばしてボールから10cm離したキック、20cm離したキックと徐々にスイングを大きくするとよいかも。スイング速度を徐々に上げることも。
思いきり蹴ると足首が曲がる	→ 軽くインパクトしてけることを繰り返し、無意識でもできるようになってから全力でやること。
ボールの当たる位置に気が行くと思いっきり振れないがどうしたらよいか。走りながら蹴った方が蹴りやすいと思った	→ 上と同じように慣れるまで全力でやらないこと。走りながら蹴ると走るのが全力でないので、リラックスして蹴れるのだと思う。
インパクト点が疑問、足の甲は丸いので難しいどうしたら甲の中央に当たるか	→ インサイドキックよりはキックの精度は落ちるが、速いボールが蹴れる。インパクトの時はよくボールを見ること。
斜めからはいると横回転がつく	→ 腰が回転しきらないうちに蹴るので内側に当たるか蹴り足の膝を伸ばしながら蹴るためと思われる。その場合は、バックスイングの静止時間を長くして腰がつまさき方向を向くまで待って膝下だけのスイングで蹴る練習が必要。
インステップキックは強く蹴れるので危険	→ 授業の時大切な視点。男子の場合は、体育館では本当は少し危険。ジャストミートだけならよいが、それでもうまく当てれば相当速く飛ぶ。壁側にだけ蹴るようにするとよい。グランドでも指導するときにはペア間の間隔に注意すること。

ボールを引き付けて蹴ろうとすると蹴る前に相手にとられてしまうのではないか →	そんな長い時間ではない。そう長く感じるから早く蹴りにいってしまう。
バックスイングで一度止めた方がタイミングを取るのが難しい →	間違ったタイミングに慣れているからそうなるので、ぎこちなくてもいったん止めて蹴る練習を繰り返さないと癖が抜けない。
方向を変えたキックの時飛び上がってしまうがそれではだめか →	初心者の段階では腰のねじれの解消を覚えてもらうために膝を曲げながら踏み込んで膝を伸ばして立ち上がるように指導しているが、本当は（うまくなると）ジャンプして入って着地した時はすでに正面を向いているので、うまく蹴れていればそのままでもよいだろう。
いつから足首を伸ばせばよいか →	膝を曲げきったとき。
腰が入ると腰を落とすの違い →	足首の関節をそのままにして膝を曲げると腰掛け状態になり腰が落ちて蹴る力が弱くなる。足首も曲げながら膝を曲げると腰が前に入りそのエネルギーを使って強く蹴れる。
蹴り終わったらどうすればよいか →	はじめは足首を伸ばした状態を確認するため、足首を伸ばしたままで立つこと。慣れたらキック後に脱力して着地し次の動作の準備をする。
「足でグーを作れ」という指導は足首を曲げていてもグーは作れるので指導法としてよくない →	本当はそうだけど、そう気づいたのはあなたと他に2人だけ。それは、あなたが同じ足を動かす練習の経験があり足の細部の感覚に敏感だからで、普通はそこまで説明しなくても足を伸ばしてから自然にグーを作る。実際、レポートでこの指導法は子供にわかりやすいだろうという感想が多かった。こういう反論が子供から出てくる時の用心にこのことを覚えておけばそのときに慌てずに済むと思うが、情報が多すぎると初心者は混乱するのでわざわざ指導の場で足首を曲げたグーはいけないとあえて言う必要はない

だろう。

私は、指先に意識が行きすぎると足首が → 足でグーだと足首が曲がってしまう例か
まっすぐにならないので、足の付け根の　　も知れない。
ふくらみで押さえるように意識したらよ
くなった

少年団で足首を柔らかくして蹴ろと言わ → 上達するとインパクトの前後だけ足首を
れたがその意味がわからない　　　　　　伸ばして緊張させ、その他の時間はリ
　　　　　　　　　　　　　　　　　　　ラックスした膝下の振り下ろしとフォ
　　　　　　　　　　　　　　　　　　　ロースルーになるのでそういう言葉に
　　　　　　　　　　　　　　　　　　　なったと思われる。練習初期はキックの
　　　　　　　　　　　　　　　　　　　全過程で緊張した足首の伸ばしを、上達
　　　　　　　　　　　　　　　　　　　したらインパクト時だけに緊張した足首
　　　　　　　　　　　　　　　　　　　の伸ばしを指導すべきである。インサイ
　　　　　　　　　　　　　　　　　　　ドキックの曲げ固定も同様。

横座りしたキックはなぜ必要か　　　　→ 次の立ったままのキックだと歩く動作
　　　　　　　　　　　　　　　　　　　のままになって足首が返ると思いその前
　　　　　　　　　　　　　　　　　　　に挿入した。

3. その他の質問・意見への回答

実際にゲームをしたとき習ったキックが → ゲーム中は走りながら様々な方向から来
使えるか自信がない　　　　　　　　　　る動いたボールを蹴る場合が多いので、
　　　　　　　　　　　　　　　　　　　応用編を読むこと。基本練習に帰らない
　　　　　　　　　　　　　　　　　　　と癖のあるフォームに固定されるので、
　　　　　　　　　　　　　　　　　　　ゲームと基本練習を繰り返せば徐々に上
　　　　　　　　　　　　　　　　　　　達するはず。

ルールがわからないので心配　　　　　→ 少し大きな本屋にはルール解説付きの指
　　　　　　　　　　　　　　　　　　　導書が必ずあるはず。もう1つは、就職
　　　　　　　　　　　　　　　　　　　早々、サッカー自慢の生徒に聞くこと。
　　　　　　　　　　　　　　　　　　　先生こんなこと知らないのと得意げに教
　　　　　　　　　　　　　　　　　　　えてくれるはず。

「女子学生」という言葉をサッカーので → 私の頃は女子のサッカーはなかったので
きない人という意味では使ってほしくな　初心者という意味で使いましたが、改版
い　　　　　　　　　　　　　　　　　　の時直します。

4. 教育的視点からの質問

小学生にインサイドキックの重要性をどう示す
→ JリーグのシュートのVTRをみせるとよい。

小学生に楽しくやらせる方法は？
→ ゲーム形式や目標を設定した正確さテストなど、上達度合が具体的にわかる課題を用意する。

子供達の精神や体力を長続きさせるのは大変と思った
→ だから、クラブでも小学生は楽しくやっていればよいので、勝敗にこだわり長続きさせる必要はない。

小学生に膝下の振りの感覚を理解させるために「○○のように」という表現例がほしい
→ 「缶けり」がだめなら、自分で考えていいのがあったら教えて下さい。

インサイドキックとどちらを先に教えるべきか
→ 一般には、インステップキックの方が自然だから子供には先に教えるべきだと思います。高校や大学からクラブを始めて上を目指す人には、インサイドキックから入ることを勧めたい。何歳からキックをこのメニューで教えられるかが現在の私の課題なので、教員になったら試してみて報告してほしい。

インステップキックとインサイドキックが混じってしまった。1つひとつ身につけてから次の課題へ進められないか
→ 時間がないので7時間の授業では無理。また、実際の授業を考えても子供は飽きてしまうし、インサイドキックだけで蹴るという約束では試合もうまく展開できない。

インサイドキック、インステップキックと続けてキックの指導すると子供は飽きるだろう
→ 初期は続けて練習しない方がよい。片方のキックだけを練習してドリブル等の練習に移り、ゲームをやればよい。慣れたら、授業でやった2つのキックで交互に蹴る練習も楽しくできる。

私達も授業でやったぐらいでは完全には身につかないのに、部活動ではなく授業でもこのように指導した方がよいのか
→ サッカーを教えるのであれば、授業でも当然キックが正しくできることを目標にすべきだ。小さいうちの方が呑込みが早い部分もある。ただし、低学年では遊びの中で教えなければならないので、イン

		ステップキックだけでよいかも。
部分練習を子供に飽きさせずに続けさせる方法	→	私も15年間やって大学生にあった指導法を考えたのだから、自分で考え実践の場（体育の授業）で試しながら見つけてほしい。そうしたらそれを発表して教師共通の財産にしてほしい。
小学校の先生でもインサイドボレーまでできるようになる必要があるか	→	自分ができる必要は必ずしもないし、小学生でボレーを教えるまでにはなかなかいかないと思うが、インサイドキックが上手になればボレーはすぐできるので、就職したら若いうちに生徒と一緒に遊べばよい。ただし、自分はできなくとも陥りやすい間違いは理解していてそうならないように指導できなければならない。

5. 感想等

　サッカーの授業を受けてみて、試合は華やかに感じるが初めはみんなこんな練習してたのだという意味で「地味なスポーツなんだなあ」と思いました。

　まっすぐには飛ぶが変な回転がかかる。

　横座りのキックで足首を伸ばして蹴る感覚がわかったが空振りも多かった。

　ボールがそれたときの対応がわからない。

　リズムがとりにくい。

　腿や足で受け止めると痛い、蹴る部分が痛い。

　テレビなどでは豪快に蹴っている感じがしていたが、ボールに当たってからは、あまり運動がないのに驚いた。

　立ったキックだとボールを上に蹴りあげるキックを覚えることにならないか（別の理由もあり、本書ではメニューから削除）。

　上体のかぶせでボールの上下の角度を操作すると言われたことがあるが本当か（本書で記述）。

参考文献（本書で紹介されたもの）

麓　信義　心理学的研究、編著者代表浅見俊雄『スポーツの科学的研究　レビューシリーズ１．サッカー』新体育社。

麓　信義　『増補版　スポーツ心理学から見たサッカーの理論』三一書房。

麓　信義　『新しいスポーツ心理学入門』春秋社。

長田一臣・麓　信義　『勝者の条件』春秋社。

麓　信義　『ゼロからのステップアップ　確かなサッカー技術の習得と指導のために　第一巻インサイドキック基本編』杏林書院。

麓　信義　『ゼロからのステップアップ　確かなサッカー技術の習得と指導のために　第２巻インサイドキック応用編』杏林書院。

麓　信義　サッカー指導へのヒント：サッカーの心理学的研究から、フットボールの科学、2-1,17-31,2007.

杉崎隆晴　『政治・経済、そして、スポーツ　競争の現代的意味』東京図書出版（22世紀アートから電子出版）。

杉崎隆晴　『スポーツは民主主義のバロメーター　スポーツで読み解く競争社会の本質』ロギカ書房。

中村哲生　『新・キックバイブル』幻冬舎。

高畑好秀　『メンタル強化バイブル』池田書店。

ジーコ　　『ジーコの考えるサッカー』ＮＨＫ出版。

ジーコ　　『ジーコのリーダー論』ごま書房。

著者紹介

麓 信義（ふもと のぶよし）

略　　歴	1948 年東京生まれ
	東京大学教育学部博士課程中退
	東京大学助手、弘前大学講師、同助教授、同教授を歴任
	弘前大学名誉教授
	（日本体育協会スポーツ指導者等表彰：2009）

専攻分野　運動・スポーツ心理学、サッカー指導
著　　書
　研究分野　「新しいスポーツ心理学入門」、「運動行動の学習と制御：運動制御への
　　　　　　インターディシプリナリーアプローチ」
　指導分野　「改訂版　スポーツ心理学からみたサッカーの理論」、「ゼロからのス
　　　　　　テップアップ　確かなサッカー技術の習得と指導のために：インサイ
　　　　　　ドキック基本編」、「同応用編」
　日本文化論（評論家　杉崎隆晴）
　　　　　　「国立大学：権力構造の謎解き」、「政治経済そしてスポーツ：競争の現
　　　　　　代的意味」、「スポーツは民主主義のバロメーター：スポーツで読み解
　　　　　　く競争社会の本質」

スポーツ科学から見た
サッカーの理論
初心者指導バイブル

発 行 日	2025 年 2 月 20 日　初版発行
著　　者	麓 信義
発 行 者	橋詰 守
発 行 所	株式会社 ロギカ書房
	〒 101-0062
	東京都千代田区神田駿河台 3-1-9
	日光ビル 5 階 B-2 号室
	Tel 03（5244）5143
	Fax 03（5244）5144
	http://logicashobo.co.jp/
印刷・製本	亜細亜印刷株式会社

定価はカバーに表示してあります。
乱丁・落丁のものはお取り替え致します。
© 2025　Fumoto Nobuyoshi
Printed in Japan
978-4-911064-20-7　C0075

今、スポーツ界を賑わす不祥事の本質が見えてくる！！

スポーツは民主主義のバロメーター

スポーツで読み解く競争社会の本質

トランプも安倍もプーチンも習近平も、政敵を尊重していますか？

スポーツ活動であろうが政治・経済活動であろうが、競争は対戦相手を尊重した戦いです。民主主義のさらなる理解をこの本から！

杉崎　隆晴
（体育学研究・元弘前大学教授）
A5版・324頁・並製
定価：2,860円

【主要目次】
第一部　スポーツの本質とその日本的展開
　第一章　競争とは何か
　第二章　競争は必然か、競争は不可避か
　第三章　スポーツとは何か
　第四章　スポーツの日本的受容の問題点

第二部　民主主義における政治と経済
　第五章　スポーツ競争の親　民主主義
　第六章　自由主義経済体制の問題点
　第七章　スポーツをキーワードとした現代社会の分析
　終　章　日本の未来：日本人にあった競争社会とは

近刊！

競争学試論
社会契約説から競争契約説へ

杉崎　隆晴